DON
BOSCO

Herzlich danke ich meiner Hausfrau Monika Becker,
die unermüdlich meine Handschrift entziffert
und in lesbare Buchstaben verwandelt,
und meiner Schwester Ulrike Reising für die
kritische Durchsicht und viele gute Anregungen.

In tiefer Dankbarkeit widme ich dieses Buch Professor em. Dr. theol.
Erich Zenger †, der in der Osternacht, am 4. April 2010 plötzlich
heimgerufen wurde, 70 Jahre alt. Er hat das Manuskript inspiriert und
zahlreiche Vorschläge zur Verbesserung beigetragen.

Gerhard Dane

Im Garten kannst du Gott begegnen

Ein spirituelles
Erlebnisbuch

Gerne nehmen wir Ihre Anregungen, Wünsche, Kritik oder Fragen entgegen:
Don Bosco Medien GmbH, Sieboldstraße 11, 81669 München
Servicetelefon: (0 89) 4 80 08-341

Bibliografische Information der Deutschen Nationalbibliothek

Die Deutsche Nationalbibliothek verzeichnet diese Publikation in der Deutschen Nationalbibliografie; detaillierte bibliografische Daten sind im Internet über http://dnb.d-nb.de abrufbar.

2. Auflage 2011 / ISBN 978-3-7698-1834-5
© 2010 Don Bosco Medien GmbH, München
Umschlag und Layout: ReclameBüro, München
Umschlagfoto: © Koichi Saito/amanaimages/corbis
Fotos innen: Monika Becker (S. 36, 45, 57), Luigi Consiglio, iStockphoto (S. 47)
Gregor Gugala (S. 5, 6, 9, 16, 18, 28, 33, 38, 39, 51, 53, 59, 62, 66, 77, 82–87, 89–98, 100, 105), © Mischa Kumm, fotolia.com (S. 12)
Manfred Lehner (S. 10, 22, 25, 42, 64, 70, 81, 88, 99, 102)
Satz: undercover, Aletshausen-Winzer
Druck: Don Bosco Druck & Design, Ensdorf

Gedruckt auf umweltfreundlichem Papier

Inhalt

Gärten meines Lebens

»D as nie verlorene Paradies« war der Titel eines ganz normalen Garten-
buches im Bücherregal meiner Eltern. Daher dämmerte mir vielleicht
schon in Kindertagen, dass Gärten Fundorte Gottes sind. Adam und
Eva verloren ihren Garten, ihr Paradies und den vertrauten Umgang
mit seinem Inhaber. Warum sollte diese Erzählung auf den ersten Seiten der
Bibel nicht auch umgekehrt gelten: Wenn du Gott verloren hast, suche ihn in
einem Garten! Auch wenn er nur klein ist, lerne seine Sprache! Vom hl. Franz
von Assisi (1180–1226) erzählt Bruder Leo, einer seiner ersten und engsten
Gefährten:

*„Dem Bruder, der den Garten bestellte, sagte er, er möge nie das ganze Erd-
reich bloß mit essbaren Kräutern bepflanzen, sondern auch einen Teil des Bo-
dens freilassen, dass da auch Gras Platz habe, damit zu jeder Jahreszeit unsere
Schwestern, die Blumen, gedeihen können. So gab er ihm die Liebe zu jenem
ein, der ‚die Blume des Feldes‘ und ‚die Lilie der Täler‘ heißt. Ja, er wünschte
vom Bruder Gärtner, er solle stets einen Teil des Gartens für ein schönes Beet
freilassen, auf dem er allerlei duftende Kräuter und Pflanzen mit schönen Blumen anlege, damit jeweils die Menschen durch den Anblick dieser Blumen
und Kräuter zum Lobe Gottes gestimmt würden: ruft doch jedes Geschöpf uns
an und sagt: ‚Gott hat mich für dich geschaffen, Mensch!‘“* [1]

Mein erster Garten lag vor einem Mietshaus, ganz nahe bei dem qualmenden
Chemiewerk am Rhein, das Vater und Tante Paula Arbeit bot. Wie oft mussten
wir uns auf dem Weg zur Schule das Taschentuch vor die Nase halten, um at-
men zu können. Den Garten schien das kaum zu kümmern. Wir kletterten auf
den Apfelbaum, lasen im Sommer duftende grüne und gelbe Äpfel aus dem
Gras und genossen im Herbst die saftigen Birnen. In meinen Kinderjahren
nach dem zweiten Weltkrieg war der Garten nicht nur Augenweide gegen die

Trümmerwelt, sondern auch Nahrungsquelle. Meine Eltern pflanzten Stauden, die im Sommer dufteten, aber auch Kartoffeln, Beerenobst und Tomaten, die wir emsig mit Pferdeäpfeln von der Straße düngten. Durch den Maschendraht boten wir unseren Hühnern selbst gepflückte Kräuter als Beilage zum Körnerfutter und freuten uns, wenn wir im Stall die noch warmen Eier aus dem Nest nehmen durften. Als ich größer wurde, bekam ich endlich mein eigenes Beet, für das ich vom Taschengeld selbständig Pflanzen oder Samen kaufen durfte. Ich sehe noch den üppigen Goldlack vor mir, Vergissmeinnicht und Maßliebchen und bin fast sicher, dass es auch Erdbeeren aus eigener Produktion gab.

Der Garten war ein herrlicher Spielplatz mit seinem Sandkasten und den Sträuchern zum Verstecken, ein Ort spannender Entdeckungen und erster Forschungen, gemeinsam mit den Nachbarkindern, und an Sommernachmittagen Treffpunkt der Familie. Auf dem Hauptweg dieses Gartens sehe ich noch meine Mutter stehen, wie sie die Arme ausbreitet, in die wir hineinrennen durften. Als sie so früh starb, blieb Mütterliches im Garten, bis jetzt.

Mit den Jahren wurde der Garten aber auch mehr und mehr Ort unerwünschter Arbeit. Mein Vater stellte hohe Ansprüche an sich, den Garten und an uns, seine Helfer: Als ich zwölf Jahre alt war, wurde das Eigenheim am Stadtrand fertig. Aus der sandigen Waldwüste des großen Grundstückes sollte unser zweites Paradies werden. Wenn der Vater am Nachmittag aus der Fabrik kam, ging er möglichst in den Garten, man wusste nie ob man nicht „mal eben" helfen musste. Ich hätte als Jugendlicher nie gewagt, mir für den Samstagnachmittag etwas Vergnügliches vorzunehmen. Nach dem Mittagessen hieß es: „Unkraut ausmachen und zwar möglichst mit den Wurzeln!" Wie oft haben meine Schwestern und ich diese Fronarbeit verflucht, selbstverständlich nur im Stillen; denn wir lebten „in der Furcht des Herrn". Die Ahornbäume

säten ganze Wiesen von Nachkommen-
schaft, der Hahnenfuß breitete sich
schneller aus als erwünschte Blumen
und unter den Brombeeren zu jäten,
ähnelte manchmal einer Geißelung.
Trotzdem war der Garten auch in diesen
Jahren ein unersetzlicher Lebensort und
wir lernten beiläufig viel von Nutz- und
Zierpflanzen, ihre Namen und ihre Son-
derwünsche. Als mein Vater, genau eine
Woche nach seinem 70. Geburtstag,
plötzlich starb, war Samstagabend und
er kam aus dem Garten. Wir fanden es
richtig, ihn am Sonntagmorgen in seiner
Gärtnerkleidung in den Sarg zu legen.
Der Garten war ein wichtiger Teil seines
Lebens, wer weiß wie viel früher er ohne
ihn gestorben wäre!

Eine Entdeckung: Gartengestaltung ist erholsam, entspannend und erfreulich

Ich war inzwischen für einen kleinen Pfarrgarten im Kölner Norden zuständig
geworden und entdeckte mit Staunen, wie erholsam, entspannend und erfreu-
lich die Gartengestaltung sein kann. Ich wurde meinem alten Gartenmeister
für die harte Lehrzeit dankbar. Gleich neben der Backsteinmauer der Kirche

hatte dieser Garten eine spirituelle Ausstrahlung und ich verstand, warum die lauschigen Vorhöfe mancher alten Kirchen mit plätschernden Springbrunnen auch „Paradies" genannt werden. Nach 18 Jahren als Pfarrer dieser Kirche habe ich die Abschiedstränen vor allem im Garten vergossen. Ich hätte dort wohl mit geschlossenen Augen jede Pflanze finden und benennen können. Offenbar war der Garten zur Symbolfläche geworden für die ans Herz gewachsene Gemeinde und ihre so verschiedenen Menschen.

Der Garten als Oase mitten in der Stadt

Der Trennungsschmerz dauerte etwa zwei Jahre, aber der riesige neue Pfarrgarten half ihn heilen. Durch eine denkmalgeschützte Mauer fast vollständig vom Interesse der Nachbarn abgeschirmt, wurde er meine Oase, mitten in der Kolpingstadt Kerpen. Am freien Montag musste ich zur Erholung nicht mehr das Weite suchen. Ich konnte wählen, ob ich die Blumenbeete bestellen, die Obstbäume pflegen oder in dem kleinen Fichtenwald die Nistplätze für die Singvögel herrichten wollte. In meiner ersten Nacht im neuen Pfarrhaus brach die herrliche doppelstämmige Zeder auseinander, der verbleibende Stamm aber bot noch für die heißesten

Sommertage Schatten genug. Nach einem schweren Regen fiel plötzlich die alte Akazie einfach um, gerade dorthin, wo ich Minuten vorher gearbeitet hatte. „Alles ist Botschaft!" Die drei Wiesen zu mähen, war Arbeit für einen ganzen Tag. Nur zu Beginn der Sommerferien war das nicht nötig, weil an die 200 Kinder in etwa 10 großen Zelten während der Kinderbibelwoche und über 300 ehrenamtliche Mitarbeiter beim Lichterfest das Gras nachhaltig geplättet hatten. Vielleicht weil er nur manchmal geöffnet wurde, hatte der Garten hinter dem Pfarrhaus für viele Gemeindemitglieder etwas Wunderbares und Geheimnisvolles. Wie viele Augen habe ich leuchten sehen, wenn sie über diesen Naturgarten mitten in der Stadt sprachen! Bearbeiten konnte ich ihn letztlich nicht, aber hüten: Gleichnis für den Beruf und nicht nur meinen.

Und nun lebe ich voraussichtlich in meinem letzten Garten, bevor irgendwann meine Reliquien auf den Friedhof drüben gepflanzt werden. Die Vorbesitzer, ein alterndes Ehepaar, haben zur Arbeitsersparnis fast alle Laubbäume abholzen lassen und die Bepflanzung hauptsächlich auf einige Sorten Erika und Thuja beschränkt. Ich versuche ihnen zu verzeihen, geduldig dazwischenzupflanzen und zu warten, bis wir hier im Grenzland des Braunkohleabbaus wieder etwas mehr von der Vielfalt der Schöpfung erleben können. Der Wiese unter dem Pflaumenbaum haben wir schon ein prächtiges Gemüsebeet abgerungen und ein kleines Gewächshaus für die Tomaten errichtet. Ich freue mich jeden Tag an dem, was ich Schönes gepflanzt und gesät habe, aber fast noch mehr an dem, was da überall überraschend von selber kommt! Asiatisch klingt das Sprichwort, obwohl es flüssig deutsch sich reimt: „Dumme rennen, Kluge warten, Weise gehen in den Garten."

Gärten der Bibel

33 Jahre war er alt, der gelehrte Afrikaner Augustinus als er im Jahr 386 unter Tränen und schwersten inneren Kämpfen seinen neuen Weg suchte. Ihm half ein entscheidendes Erlebnis im Garten. In seinen „Bekenntnissen"[2] berichtet er:

„Ich aber warf mich unter einem Feigenbaum zu Boden, ich weiß nicht, wie es kam, und ließ den Tränen ihren Lauf … Da auf einmal höre ich aus dem Nachbarhaus die Stimme eines Knaben oder Mädchens im Singsang wiederholen: ,Nimm es, lies es, nimm es, lies es!' Augenblicklich machte ich andere Miene, gespannt besann ich mich, ob unter Kindern bei irgendeinem Spiel so ein Leieriiedchen üblich wäre, aber ich entsann mich nicht, das irgendwo gehört zu haben. Ich hemmte die Gewalt der Tränen und stand vom Boden auf: Ich wusste keine andere Deutung, als dass mir Gott befehle, das Buch zu öffnen und die Stelle zu lesen, auf die ich zuerst träfe."
Er findet eine Stelle im Neuen Testament, im Brief des Apostels Paulus an die Römer (Röm 13,13). *„Kaum war dieser Satz zu Ende, strömte mir Gewissheit als ein Licht ins kummervolle Herz, dass alle Nacht des Zweifelns hin und her verschwand."*

In einem Garten in Italien entdeckt Augustinus also die Bibel neu. Sie ist nicht länger altchristliche Literatur, sondern enthält persönliche Botschaft an ihn! Sicher können wir ähnliche Entdeckungen machen. Wenn Gärten uns ansprechen und uns alle Sinne öffnen, sind sie vielleicht auch für uns Orte neuen, persönlichen Verstehens der Bibel.

Im Garten Eden

Das Paradies ist zweifellos der berühmteste Garten der Weltliteratur und das, obwohl oder weil es ihn im historischen Sinne nie gegeben hat. Das Paradies ist seit mindestens drei Jahrtausenden ein Inbegriff glücklichen Lebens geworden, nicht nur für Juden, Christen und Muslime. Sie übernahmen von den Völkern des alten Orients, von den Ägyptern, Sumerern, Assyrern und Babyloniern die Hochschätzung des Gartens und seine mythische Deutung.[3] Was die Bibel uns in ihrem ersten Buch vom 2. Kapitel an erzählt, malt verlockend aus, wie es auf der Erde sein könnte und erklärt, warum es nicht so ist: Nach der Erschaffung des Adam, das heißt des Menschen (nicht des Mannes!) aus *„Erde vom Ackerboden"* wird der Schöpfer zum Landschaftsgärtner:

„Dann legte Gott, der Herr, in Eden, im Osten, einen Garten an und setzte dorthin den Menschen, den er geformt hatte. Gott, der Herr, ließ aus dem Ackerboden allerlei Bäume wachsen, verlockend anzusehen und mit köstlichen Früchten, in der Mitte des Gartens aber den Baum des Lebens und den Baum der Erkenntnis von Gut und Böse." (Gen 2,8–9)

Schon an diesen Formulierungen merken wir, dass es um mehr geht als um die Beschreibung eines realen Gartens. Es geht nicht um einen Gartenplan, sondern um den Schöpfungsplan – in Gärtnersprache! Gott im Garten, mit seinen Geschöpfen im tiefsten Einvernehmen. Der Mensch soll es gut haben, ein köstliches Leben genießen. Darum steht ihm das Wasser, das Element des

Lebens, reichlich zur Verfügung: *„Ein Strom entspringt in Eden, der den Garten bewässert; dort teilt er sich und wird zu vier Hauptflüssen … Gott, der Herr, nahm also den Menschen und setzte ihn in den Garten von Eden, damit er ihn bebaue und behüte."* (Gen 2,10–15) In der Ortsbeschreibung „Eden" hört der Israelit noch sein Wort für „Wonne" mitschwingen!

Der große Gartenbesitzer setzt uns als seine Gärtner ein. Nicht als Eigentümer sind wir gedacht, die mit der Erde machen dürften, was sie wollen. Nicht zu rücksichtsloser Ausbeutung, sondern zum Bebauen, Hüten, Pflegen sind wir auf dieser Erde. –

Damit das Glück der Menschen in diesem herrlichen Garten Bestand haben kann, sind ihm Grenzen gesetzt:

„Von allen Bäumen des Gartens darfst du essen, doch von dem Baum der Erkenntnis von Gut und Böse darfst du nicht essen; denn sobald du davon isst, wirst du sterben." (Gen 2,16–17)

Wenn wir im Alleingang bestimmen wollen, was gut und was böse ist, wenn wir selbstherrlich immer noch mehr und am liebsten „alles" haben wollen, wird es tödlich enden. Die Erzählung vom Sündenfall (3. Kapitel), lange als altorientalischer Mythos abgetan, deutet uns heute in bedrückender Aktualität, was wir jeden Tag hören und sehen: Unsere Maßlosigkeit ist der einzige Grund der ökologischen Krise. „Die größte Fehlentwicklung der Evolution ist die Entstehung des Menschen", sagen die Pessimisten. Unausweichlich? Die Bibel traut dem Gartenbesitzer die Rettung des Gartens zu – trotz des Versagens seiner Gärtner.

Doch, langsam, erst einmal zurück zum Text der Bibel: Bisher ist „der Mensch"
nur als ein Sammelbegriff vorgekommen, aber dann spricht *„Gott, der Herr:*
Es ist nicht gut, dass der Mensch allein bleibt. Ich will ihm eine Hilfe machen,
die ihm entspricht. Gott, der Herr, formte aus dem Ackerboden alle Tiere des
Feldes und alle Vögel des Himmels und führte sie dem Menschen zu, um zu se-
hen, wie er sie benennen würde. Und wie der Mensch jedes lebendige Wesen
benannte, so sollte es heißen. " (Gen 2,18–19) Führen durch Delegieren! Ein
großartiger Auftrag; denn Namengebung ist mehr als Kennzeichnung. Wenn
wir unseren Mitgeschöpfen Namen geben, drücken wir unsere Beziehung zu
ihnen aus, unsere Erwartungen und Wünsche. Wer in Gartenbüchern blättert,

wird immer neu staunen über die vielen verschiedenen Pflanzennamen und nahezu unendlich erscheint die Zahl der Tiernamen, der Artenbezeichnungen und der Eigennamen, die Menschen ihnen geben. Aber so glücklich uns das Zusammenleben mit Pflanzen, Sträuchern und Bäumen, mit Bienen, Fischen und Vögeln machen kann, so schön es ist, auf sie zu hören und zu ihnen zu sprechen, *„… eine Hilfe, die dem Menschen entsprach, fand er nicht".* (Gen 2,20) Wirkliche Partnerschaft finden wir Menschen nur bei Menschen. Tiere und Pflanzen können Einsamkeit erträglich machen, aber nicht wegnehmen. Deshalb *„ließ Gott, der Herr, einen tiefen Schlaf auf den Menschen fallen, so dass er einschlief, nahm eine seiner Rippen und verschloss ihre Stelle mit Fleisch. Gott, der Herr, baute aus der Rippe, die er vom Menschen genommen hatte, eine Frau und führte sie dem Menschen zu …"* (Gen 2,21–22)

Jetzt ist der Mensch im Garten zu zweit, beide empfinden einander als „bessere Hälfte", ohne die sie sich unvollständig fühlen. Wie oft entstehen in Gärten Partnerschaften, werden Menschen gerade im Garten erst richtig Mensch! Mann und Frau wachsen miteinander und aneinander, glücklich, sich gegenseitig ergänzen zu können.

Es könnte auf unserer Erde alles so schön sein! Warum ist es das nicht? Wer hat uns Menschen „aus dem Paradies vertrieben"? Wer ist schuld, dass wir uns manchmal voreinander schämen? Warum ist unsere Arbeit oft so eine Plackerei, warum gibt es in unserem Leben so viel „Dornen und Disteln" und ist die Beziehung untereinander immer wieder so schmerzlich gestört?

Auf diese uralten Fragen der Menschen versucht das nächste, das 3. Kapitel der Bibel zu antworten: Wir sind verführbar, wir wollen alles, ohne Maß, sofort! Wir müssen die Folgen tragen.

Die Vertreibung aus dem Paradiesgarten ist eigentlich keine Strafe, sondern eine Folge der falschen Entscheidung, unabhängig und souverän wie Gott sein zu wollen. Wir fühlen ja häufig unser schlechtes Gewissen:

....

„Als sie Gott, den Herrn, im Garten gegen den Tagwind einherschreiten hörten, versteckten sich Adam und seine Frau vor Gott, dem Herrn, unter den Bäumen des Gartens. Gott, der Herr, rief Adam zu und sprach: Wo bist du? Er antwortete: Ich habe dich im Garten kommen hören; da geriet ich in Furcht, weil ich nackt bin, und versteckte mich." (Gen 3,8–10)

....

Das Versteckspiel mit Gott werden wir letzten Endes immer verlieren. Wenn er uns gefunden hat, werden wir uns nackt und bloß fühlen. Er aber will uns trotz aller Verbrechen gegen das Leben nicht das Leben nehmen. Der Gartenbesitzer ist kein Scharfrichter, er wird sogar noch zärtlich zum Kürschner: *„Gott der Herr machte Adam und seiner Frau Röcke aus Fellen und bekleidete sie damit."* (Gen 3,21) Sie sollen nicht erfrieren außerhalb des Paradieses!

In unseren Gärten dürfen wir also trotz allem die stille Sehnsucht spüren, die zutiefst in der Schöpfung liegt, die Sehnsucht nach vertrauter Gemeinschaft mit ihrem Schöpfer. Wir können uns an der Hoffnung wärmen, dass sie uns letzten Endes doch noch geschenkt wird.

GEBET
....

Offener Himmel

Ich danke dir
für das Dach über dem Kopf,
für feste Mauern,
mein warmes Bett.
Ich danke dir
manchmal noch mehr
für den weiten Himmel
über dem Gartenzaun.
Dich erlebe ich draußen,
Grenzenloser,
strahlendes Licht,
wehende Wärme,
aufrüttelnder Sturm,
lebenspendender Regen.
Ich kann herausgehen,
aus aller Enge,
aus dem, was Menschen machen,
aus mir.
Du führst mich hinaus in die Weite,
in deine.

Im Garten der Bewährung

Wie ein roter Faden läuft durch die ganze Bibel die feste Überzeugung: Gott will die liebevolle Gemeinschaft mit uns. Das Drama der Weltgeschichte besteht darin, dass wir ihn und sein Angebot teilweise annehmen und dann wieder ablehnen. So sieht das Volk Israel seine Befreiung aus der Sklaverei in Ägypten als den wunderbaren neuen Anfang, der ihm nach den Bewährungsjahren in der Wüste im „Gelobten Land" paradiesische Zustände schenken könnte, wenn, ja wenn sie sich – im Unterschied zu Adam und Eva – an die Lebensordnung des Schöpfers halten würden! Wir lesen im 5. Buch Mose, im Buch Deuteronomium:

„Daher sollt ihr auf das ganze Gebot, auf das ich dich heute verpflichte, achten, damit ihr stark seid und in das Land, in das ihr jetzt hinüberzieht, um es in Besitz zu nehmen, hineinziehen und es in Besitz nehmen könnt. Ihr sollt darauf achten, damit ihr lange lebt in dem Land, von dem ihr wisst: Der Herr hat euren Vätern geschworen, es ihnen und ihren Nachkommen zu geben, ein Land, in dem Milch und Honig fließen. Denn das Land, in das du hineinziehst, um es in Besitz zu nehmen, ist nicht wie das Land Ägypten, aus dem ihr ausgezogen seid. Dort musstest du, wenn der Same gesät war, den Boden künstlich bewässern wie in einem Gemüsegarten. Das Land, in das ihr jetzt hinüberzieht, um es in Besitz zu nehmen, ist ein Land mit Bergen und Tälern, und es trinkt das Wasser, das als Regen vom Himmel fällt. Es ist ein Land, um das der Herr, dein Gott, sich kümmert. Stets ruhen auf ihm die Augen des Herrn, deines Gottes, vom Anfang des Jahres bis zum Ende des Jahres. Und wenn ihr auf meine Gebote hört, auf die ich euch heute verpflichte, wenn ihr also den Herrn, euren Gott, liebt und ihm mit ganzem Herzen und mit ganzer Seele dient, dann gebe ich eurem Land seinen Regen zur rechten Zeit, den Regen im Herbst und den Regen im Frühjahr, und du kannst Korn, Most und Öl ernten; dann gebe ich deinem Vieh sein Gras auf dem Feld und du kannst essen und satt werden. Aber nehmt euch in Acht! Lasst euer Herz nicht verführen, weicht nicht vom Weg ab, dient nicht anderen Göttern, und werft euch nicht vor ihnen nieder! Sonst wird der Zorn des Herrn gegen euch entbrennen; er wird den Himmel zuschließen, es wird kein Regen fallen, der Acker wird keinen Ertrag bringen, und ihr werdet unverzüglich aus dem prächtigen Land getilgt sein, das der Herr euch geben will." (Dtn 11,8–17)

Das Gartenland ist ein reines Geschenk. Das sieht jeder ein, der jemals sandige, steinige Wüsten sah. Ganz glücklich wird mit diesem Geschenk aber nur werden, wer im Geschenk den Schenker sieht und ihn immer wieder fragt, welche Regeln das Leben im Garten gelingen lassen.

Die Propheten Israels antworten in Gottes Namen sehr konkret, zum Beispiel jener namentlich Unbekannte, dessen Erkenntnisse der Buchrolle des großen Jesaja angefügt wurden (Jes 58,9–11):

„Wenn du der Unterdrückung bei dir ein Ende machst, auf keinen mit dem Finger zeigst und niemanden verleumdest, dem Hungrigen dein Brot reichst und den Darbenden satt machst, dann geht im Dunkeln dein Licht auf, und deine Finsternis wird hell wie der Mittag. Der Herr wird dich immer führen, auch im dürren Land macht er dich satt und stärkt deine Glieder. Du gleichst einem bewässerten Garten, einer Quelle, deren Wasser niemals versiegt …"

Eine Grunderfahrung, die jeder Gärtner bestätigen wird: Mein Garten gehört mir und doch nicht nur mir! Ich darf Nachbarn und Passanten, Besucher und Freunde nicht übersehen, wenn ich dort wirklich Glück erfahren will. Wenn ich mit all den Geschenken des Gartens so großzügig umgehe wie der Schöpfer selbst, dann werde ich selbst wie ein Garten!

Voraussetzung dafür ist aber, dass ich die Beziehung zu dem eigentlichen Herrn des Gartens nicht aufgebe! Das Buch Jesaja beschreibt angeekelt, wie unter den Bäumen der Gärten heidnische Kultfeiern stattfinden und droht deswegen:

„Wer den Herrn verlässt, wird vernichtet. Ihr werdet in Schande stürzen wegen der Eichen, die euch gefallen, und werdet euch schämen wegen der (heiligen) Haine, die ihr so gern habt. Ihr werdet wie eine Eiche, deren Blätter verwelken, und wie ein Garten, dessen Wasser versiegt ist." (Jes 1,28b–30)

Jesaja ist sicher: Wer Gott, den Geber des Gartens missachtet, der verliert alles. Der Verlust des Paradieses wiederholt sich immer wieder, wenn wir die Quelle des Lebens verlassen.

„Es wird eine schaurige Öde entstehen. Denn du hast den Gott, der dich rettet vergessen; an den Felsen, auf dem du Zuflucht findest, hast du nicht mehr gedacht. Leg nur liebliche Gärten an, bepflanze sie mit Setzlingen aus der Fremde, pfleg sie an dem Tag, an dem du sie pflanzt, lass sie wachsen an dem Morgen, an dem du sie säst: Dahin ist die Ernte am Tag deiner Krankheit und des heillosen Schmerzes." (Jes 17,9b–11)

Auch hier spricht nicht so sehr der anspruchsvolle Chef oder ein unerbittlicher Richter, sondern der tief enttäuschte Liebhaber:

„Den ganzen Tag strecke ich meine Hände aus nach einem abtrünnigen Volk, das in seinem Trotz mich ständig ärgert. Sie bringen Schlachtopfer dar in Gärten und Rauchopfer auf Ziegeln; sie sitzen in Grabkammern und verbringen die Nächte in Höhlen; sie essen das Fleisch von Schweinen und haben Brühe von verdorbenem Fleisch in ihren Töpfen." (Jes 65,2–4)

Was hätte der Prophet wohl zu manchen unserer sommerlichen Grillpartys zu sagen? Vielleicht könnten wir ihm klarmachen, dass hier im Norden und mit unseren Kühlschränken Schweinefleisch nicht so leicht verdirbt, aber er würde wohl doch feststellen, dass auch in unseren Gärten statt Gott oft dem Bauch göttliche Verehrung zukommt und manche Sauforgie der verzweifelte Versuch ist, die Leere des Lebens zu betäuben. Götzendienst nennt das heute niemand mehr, aber im Grunde ist es nichts anderes.

Was wir aus der Welt und unserem Leben machen, bleibt uns überlassen: Ob wir Vorgärten des Himmels oder der Hölle gestalten. Diese Freiheit ist erschreckend und scheint uns oft zu überfordern. Aber es bleibt dabei: Wir sind zur Bewährung im Garten dieser Welt.

GEBET

....

Bindung

Ich habe sie aufgerichtet,
die Sonnenblumen, größer als ich,
ein Platzregen gestern hatte sie umgehauen.
Ich habe sie festgebunden.
Jetzt sind sie gehalten, aber auch gefesselt.
Ein Stück Freiheit ging verloren.
wie oft binde ich Rosen und Ranken
an Gitter und Stützen!
Und ich?
Binde mich an dich
und gib mir Mut, mich selbst zu binden,
wo es nötig ist.
Ohne Bindung wird die Freiheit gefährlich.
Gebunden kann ich wachsen.

Im Garten der Liebe

Die Bibel ist eigentlich eine Bibliothek. Unter ihren 73 Büchern und Büchlein ist das „Hohelied" schon deshalb einzigartig, weil das Wort „Gott" nicht ein Mal vorkommt. Deshalb ist es vielleicht ein besonderes Geschenk für Menschen, denen dieses Wort nichts mehr sagt, eine Worthülse wurde, entleert, ausgelutscht.

Das „Lied der Lieder" singt von der Liebe, nicht in philosophischer oder theologischer Wortwahl. Die üppige Erotik und sprühende Poesie dieser Sammlung von Liedern lassen der Liebe Saft und Kraft. „Gott ist die Liebe" ist das Leitwort, das Papst Benedikt XVI. seinem ersten Rundschreiben und damit ja auch seiner Amtszeit gab. Ja, aber – ist Liebe in christlicher Tradition nicht die Übersetzung des lateinischen Wortes „Caritas" und des griechischen „Agape"? Hier geht es doch um Eros! Dazu äußert sich der Papst: „Im Letzten ist ‚Liebe' eine einzige Wirklichkeit, aber sie hat verschiedene Dimensionen – es kann jeweils die eine oder andere Seite stärker hervortreten. Wo die beiden Seiten aber ganz auseinander fallen, entsteht eine Karikatur oder jedenfalls eine Kümmerform von Liebe."[4]

Gott ist die Quelle *aller* Liebe und deshalb kann jede Liebe, die nicht ausschließlich Eigenliebe ist, Menschen zu dieser Quelle führen, auch wenn ihr Name nicht fällt.

Die Lieder des „Hohelieds" singen von der Liebe Schulammits und ihres Bräutigams wie von einem Garten, der nicht allgemein zugänglich ist:

„Ein verschlossener Garten ist meine Schwester Braut,
ein verschlossener Garten,
ein versiegelter Quell.
Ein Lustgarten sprosst aus dir,
Granatbäume mit köstlichen Früchten,
Hennadolden, Nardenblüten,
Narde, Krokus, Gewürzrohr und Zimt,
alle Weihrauchbäume,
Myrrhe und Aloe,
allerbester Balsam.
Die Quelle des Gartens bist du,
ein Brunnen lebendigen Wassers,
Wasser vom Libanon.
Nordwind erwache! Südwind herbei!
Durchweht meinen Garten,
lasst strömen die Balsamdüfte.
Mein Geliebter komme in seinen Garten
und esse von den köstlichen Früchten. –
Ich komme in meinen Garten, Schwester Braut;
ich pflücke meine Myrrhe, den Balsam;
esse seine Wabe samt dem Honig,
trinke meinen Wein und die Milch!" (Hld 4,12–5,1)

Aber der junge Mann, der so hingerissen den Garten der „Schwester Braut" genießt, denkt nicht nur an sich. Deshalb fügt er gleich hinzu: *„Freunde, esst und trinkt, berauscht euch an der Liebe."*

Liebevoll übertrieben vergleichen die Beiden einander mit den übrigen „Gewächsen" ihres Lebensraumes: *„Eine Lilie unter Disteln ist meine Freundin unter den Mädchen",* sagt er. Und sie antwortet:

„Ein Apfelbaum unter Waldbäumen
ist mein Geliebter unter den Burschen.
In seinem Schatten begehre ich zu sitzen.
Wie süß schmeckt seine Frucht meinem Gaumen!" (Hld 2,2–3)

Als die Frauen sie fragen: *„Was hat dein Geliebter den andern voraus?"* (Hld 5,9), antwortet Schulammit wieder in Gartenbildern:

„Seine Wangen sind wie Balsambeete,
darin Gewürzkräuter sprießen,
seine Lippen wie Lilien;
sie tropfen von flüssiger Myrrhe ...
Sein Mund ist voll Süße;
alles ist Wonne an ihm.
Das ist mein Geliebter,
ja, das ist mein Freund,
ihr Töchter Jerusalems." (Hld 5,13–16)

Die Freundinnen sind so überzeugt von ihrer Liebe, dass sie helfen wollen, den Geliebten zu suchen, als er plötzlich verschwunden ist: *„Wohin ist dein Geliebter gegangen, du schönste der Frauen? Wohin wandte sich dein Geliebter? Wir wollen ihn suchen mit dir."* (Hld 6,1)

Und sie antwortet: *„In seinen Garten ging mein Geliebter zu den Balsambeeten, um in den Gartengründen zu weiden, um Lilien zu pflücken."* (Hld 6,2)

Wahre Liebe gönnt dem Geliebten also auch noch seinen geheimnisvollen Garten, zwingt ihn nicht unablässig in die eigene Nähe, so sehr die Trennung schmerzen kann. Gerade in zeitweiliger Trennung wächst oft die Verbundenheit:

„Meinem Geliebten gehöre ich, und mir gehört der Geliebte, der in den Lilien weidet." (Hld 6,3)

Und als sie endlich wieder zusammen sind, singt er beim Tanz:

....

„Wie schön bist du und wie reizend,
du Liebe voller Wonnen!
Wie eine Palme ist dein Wuchs;
deine Brüste sind wie Trauben.
Ich sage: Ersteigen will ich die Palme;
ich greife nach den Rispen.
Trauben am Weinstock seien mir deine Brüste,
Apfelduft sei der Duft deines Atems …“ (Hld 7,7–9)

....

Und sie antwortet in gleicher Tonart:

....

„Die Liebesäpfel duften;
an unsrer Tür warten alle köstlichen Früchte,
frische und solche vom Vorjahr;
für dich hab' ich sie aufgehoben, Geliebter.“ (Hlc 7,14)

....

Wenn die Liebe wie ein Garten ist, dürfen wir sicher auch den Umkehrschluss
wagen: Der Garten kann zur großen Liebe werden, die uns hautnah verzaubert, mit ihren Düften betört:

*„Die du in den Gärten weilst, auf deine Stimme lauschen die Freunde; lass
sie mich hören!“* (Hld 8,13)

Ob Schulammit vor 2500 Jahren mit ihrem Geliebten oder wir heute: Wir gehen hinaus in den Garten und schon in diesen Schritten aus uns heraus: Ekstase aus der Enge des Ichs. Im Garten der Liebe und in der Liebe zum Garten öffnen sich alle fünf Sinne: neue Düfte, faszinierende Anblicke, beglückendes Tasten und die Stille, die Frieden hörbar macht. Ein Garten schmeckt wie die Liebe nach mehr, unendlich viel mehr.

GEBET
....

Eine Rose

Du,
ich habe sie geküsst.
Hoffentlich hat mich niemand gesehen!
Sie sah so wunderbar aus,
gerade aufgeblüht,
duftend.
Ein Lebenszeichen von dir für mich.
Nein, ich pflücke sie nicht,
nehme nur den Duft in mich auf.
Und wenn sie verblüht ...
hat sie ihren Sinn erfüllt.
Ich glaube an das Leben,
das immer neu erblüht,
unvorstellbar schön.
Ich glaube an dich.

Im Garten der Lüste

Besingt das „Hohelied" einen beglückenden Garten der Liebe, führt uns das Buch Daniel im 13. Kapitel das krasse Gegenteil vor Augen. Es beschreibt ein Verbrechen im Garten, das die Täter allerdings Liebe nennen. Was im zweiten Jahrhundert vor Christi Geburt aufgeschrieben wurde, spiegelt leider auch noch unsere Wirklichkeit am Anfang des dritten Jahrtausends: Der Garten kann auch zum Garten des Bösen verkommen, Erotik kann pervertieren zu rücksichtsloser Vergewaltigung, ja zum Mord.

Es sind ausgerechnet zwei Richter, in denen sich die Begierde nach Susanna regt, der „sehr schönen und gottesfürchtigen" Ehefrau des „sehr reichen" Jojakim in Babylon: *„Er besaß einen Garten nahe bei seinem Haus."* (Dan 13,4) Die beiden gestehen sich ihr Verlangen.

„Während sie auf einen günstigen Tag warteten, kam Susanna eines Tages wie gewöhnlich in den Garten, nur von zwei Mädchen begleitet, und wollte baden; denn es war heiß. Niemand war dort außer den beiden Ältesten, die sich versteckt hatten und ihr auflauerten. Sie sagte zu den Mädchen: Holt mir Öl und Salben und verriegelt das Gartentor, damit ich baden kann. Die Mädchen taten, wie ihnen befohlen war. Sie verriegelten das Tor und verließen den Garten durch die Seitenpforte, um zu holen, was ihnen aufgetragen war." (Dan 13,15–18)

Als die Mädchen weg sind, laufen die beiden Männer aus ihrem Versteck zu Susanna hin und reden nicht lange drum herum:

....

„Das Gartentor ist verschlossen und niemand sieht uns; wir brennen vor Verlangen nach dir: Sei uns zu Willen, und gib dich uns hin! Weigerst du dich, dann bezeugen wir gegen dich, dass ein junger Mann bei dir war und dass du deshalb die Mädchen weggeschickt hast. Da seufzte Susanna und sagte: Ich bin bedrängt von allen Seiten. Wenn ich es tue, so droht mir der Tod; tue ich es aber nicht, so werde ich euch nicht entrinnen. Es ist besser für mich, es nicht zu tun und euch in die Hände zu fallen, als gegen den Herrn zu sündigen. Dann schrie Susanna, so laut sie konnte. Aber zugleich mit ihr schrien"– raffiniert – auch die Täter und einer von ihnen läuft schnell, das Gartentor zu öffnen. Durch die Seitentür eilen die Leute aus dem Haus herbei und als die beiden angesehenen Männer ihre Lügengeschichte vorgetragen haben, „schämten sich die Diener sehr; denn noch nie war so etwas über Susanna gesagt worden." (vgl. Dan 13,20–27)

....

Am nächsten Morgen kommt es zur Gerichtsverhandlung. Die Täter kommen „mit der verbrecherischen Absicht, gegen Susanna die Todesstrafe zu erwirken" wegen Ehebruchs, auf frischer Tat ertappt. Sie lassen Susanna holen und sie „kam, begleitet von ihren Eltern, ihren Kindern und allen Verwandten. Susanna war anmutig und sehr schön. Sie war aber verschleiert. Um sich an ihrer Schönheit zu weiden, befahlen die Gewissenlosen, sie zu entschleiern. Da weinten ihre Angehörigen und alle, die es sahen, begannen ebenfalls zu weinen .... Sie aber blickte weinend zum Himmel auf; denn ihr Herz vertraute dem Herrn." Die beiden Männer tischen wiederum ihre Lügengeschichte aus

dem Garten auf und *„die versammelte Ge-
meinde glaubte ihnen, weil sie Älteste des
Volkes und Richter waren, und verurteilte
Susanna zum Tod."* (vgl. Dan 13,28–41)

Als man sie aber *„zur Hinrichtung führte,
erweckte Gott den heiligen Geist in einem
jungen Mann namens Daniel"*. Er erreicht
eine Rückkehr zum Ort des Gerichts, weil
die Beiden eine falsche Aussage gegen
Susanna gemacht hätten und überführt
sie der Lüge sozusagen mit einem Garten-
beweis. Er befragte die beiden getrennt,
unter was für einem Baum sie Susanna mit
ihrem Liebhaber gesehen haben wollen.
Als der eine *„unter einer Zeder"* und der

andere *„unter einer Eiche"* behauptet, schreit *„die ganze Gemeinde laut auf"*
und preist *„Gott, der alle rettet, die auf ihn hoffen"*. (vgl. Dan 13,45–60)

Die falschen Zeugen, die *„unschuldiges Blut"* vergießen wollten, um ihre Un-
tat zu verschleiern, werden *„nach dem Gesetz des Mose"* bestraft: *„Man tötete
sie."* (vgl. Dan 13,62)

Susanna wird nach dieser schrecklichen Erfahrung nicht so bald wieder
im Garten gebadet haben, und wir werden hoffen und alles Unsrige tun, dass
solche und ähnliche Verbrechen unseren Gärten fern bleiben. Zäune und ver-
schließbare Türen brauchen unsere Gärten und unsere Begierden. Aber, Gott
sei Dank, sagt uns diese Geschichte: Über jedem Garten ist der Himmel offen
und aus ihm kommt letzten Endes Gerechtigkeit.

GEBET
....

Ein schönes Stückchen Erde

Ich leide manchmal an meinen Grenzen.
Was wäre alles zu tun auf dieser Erde!
Wie viele könnten mich gebrauchen,
an wie vielen Stellen müsste ich helfen.
Meine Kräfte sind klein,
mein Mut gering,
mein Leben kurz.
Ich hoffe sehr, dass der Garten kein Fluchtort ist
und ich in deinen Augen ein Gartenzwerg.
Ich möchte ein Stück dieser Erde
schöner machen:
diesen Garten und meinen kleinen Lebensraum.
Da, wo ich bin,
dir behilflich sein,
deine Schöpfung zu vollenden.
Ich kann nicht alles.
Ich muss nicht alles,
aber dieses kleine Stück hast du mir anvertraut.
Lass mich wahrnehmen, was du erwartest.

Im Garten des alltäglichen Lebens

Unsere Welt ist wie ein Garten. Schönes wie Schlimmes wächst da, oft überraschend und vom Besitzer ungeplant. Diese Vorstellung finden wir an vielen Stellen der Bibel, bei den Propheten Israels bis hin zu Jesus, seinen Aposteln und Evangelisten.

So hört im ausgehenden siebten Jahrhundert vor Christi Geburt ein junger Mann namens Jeremia bei seiner Berufung zum Propheten die Worte:

„Hiermit lege ich meine Worte in deiner Mund. Sieh her! Am heutigen Tag setze ich dich über Völker und Reiche; du sollst ausreißen und niederreißen, vernichten und einreißen, aufbauen und einpflanzen." (Jer 1,9–10)

Es geht oft nicht anders: Wenn Wertvolles wachsen soll, muss Gestrüpp, Dornen und mancher Wildwuchs weg. Für Jeremia wird es immer deutlicher: Das Volk Israel ist eine Pflanzung, die Gott sehr enttäuscht und deshalb droht er im Klartext:

„Einen üppigen Ölbaum von schöner Gestalt hatte der Herr dich genannt. Wenn der gewaltige (Kriegs-)Lärm ertönt, legt er Feuer an ihn, so dass seine Zweige hässlich werden. Der Herr der Heere, der dich pflanzte, hat Unheil über dich verhängt wegen der bösen Taten ..." (Jer 11,16–17)

Es bleibt aber nie bei der Drohbotschaft. Der Prophet kündigt im Auftrag des großen Gärtners einen Neubeginn an:

....

„Seht, es werden Tage kommen – Spruch des Herrn –, da säe ich über das Haus Israel und das Haus Juda eine Saat von Menschen und eine Saat von Vieh. Wie ich über sie gewacht habe, um auszureißen und einzureißen, ... so werde ich über sie wachen, um aufzubauen und einzupflanzen – Spruch des Herrn." (Jer 31,27–28)

....

Auch der Prophet im dritten Teil des Jesajabuches, ermutigt nach dem Exil die Heimgekehrten:

„Der Herr wird dich immer führen, auch im dürren Land macht er dich satt und stärkt deine Glieder. Du gleichst einem bewässerten Garten, einer Quelle, deren Wasser niemals versiegt." (Jes 58,11)

Ganz offensichtlich hat er sich seine Zuversicht in der Krise auch durch die Beobachtung von Landwirtschaft und Gartenbau erworben:

„Von Herzen will ich mich freuen über den Herrn. Meine Seele soll jubeln über meinen Gott. ... Denn wie die Erde die Saat wachsen lässt und der Garten die

Pflanzen hervorbringt, so bringt Gott, der Herr, Gerechtigkeit hervor und Ruhm vor allen Völkern. " (Jes 61,10–11)

Vielleicht hatte er das Vertrauen in die grenzenlose Lebenskraft des Schöpfers aus dem Schluss des zweiten Jesajabuches genommen:

„Meine Gedanken sind nicht eure Gedanken, und eure Wege sind nicht meine Wege – Spruch des Herrn. So hoch der Himmel über der Erde ist, so hoch erhaben sind meine Wege über eure Wege und meine Gedanken über eure Gedanken. Denn wie der Regen und der Schnee vom Himmel fällt und nicht dorthin zurückkehrt, sondern die Erde tränkt und sie zum Keimen und Sprossen bringt, wie er dem Sämann Samen gibt und Brot zum Essen, so ist es auch mit dem Wort, das meinen Mund verlässt: Es kehrt nicht leer zu mir zurück, sondern bewirkt, was ich will, und erreicht all das, wozu ich es ausgesandt habe. … Statt Dornen wachsen Zypressen, statt Brennnesseln Myrten." (Jes 55,8–13)

Wie selbstverständlich teilt auch Jesus von Nazaret, zwischen den Gärten und Feldern Galiläas aufgewachsen, das Staunen über die Wunder des Wachsens:

„Er sagte: Wem ist das Reich Gottes ähnlich, womit soll ich es vergleichen? Es ist wie ein Senfkorn, das ein Mann in seinem Garten in die Erde steckte; es wuchs und wurde zu einem Baum und die Vögel des Himmels nisteten in seinen Zweigen." (Lk 13,18–19)

Auch wenn uns oft Gottes Wirken zu klein, zu schwach und zu langsam vorkommt: Aus dem kleinen Anfang, der durch Leben und Sterben Jesu gepflanzt ist, wuchs erstaunlich viel und ist noch längst nicht ausgewachsen. Gelassenheit brauchen wir: Im Garten kann man sie lernen!

„Er sagte: Mit dem Reich Gottes ist es so, wie wenn ein Mann Samen auf seinen Acker sät; dann schläft er und steht wieder auf, es wird Nacht und wird Tag, der Samen keimt und wächst, und der Mann weiß nicht, wie. Die Erde bringt von selbst ihre Frucht, zuerst den Halm, dann die Ähre, dann das volle Korn in der Ähre. Sobald aber die Frucht reif ist, legt er die Sichel an, denn die Zeit der Ernte ist da." (Mk 4,26–29)

„Von selbst" – „automatisch" schreibt Markus wörtlich. Alle Gärtner und Gärtnerinnen kennen dieses Staunen.

Wir kennen aber auch die Störungen beim Staunen, den Ärger über misslungene Aussaat, verdorbene Pflanzen, Schädlinge, Trockenheit und wild wachsendes Gestrüpp. Und dann geduldig bleiben? Jesus sagt: „Ja!" und begründet das auch. Manchmal denke ich, dass er, ganz menschlich, sich selbst auch Mut machen will, angesichts seiner Misserfolge:

„Hört! Ein Sämann ging aufs Feld, um zu säen. Als er säte, fiel ein Teil der Körner auf den Weg, und die Vögel kamen und fraßen sie. Ein anderer Teil fiel auf felsigen Boden, wo es nur wenig Erde gab, und ging sofort auf, weil das Erdreich nicht tief war; als aber die Sonne hochstieg, wurde die Saat versengt und verdorrte, weil sie keine Wurzeln hatte. Wieder ein anderer Teil fiel in die Dornen, und die Dornen wuchsen und erstickten die Saat, und sie brachte keine Frucht. Ein anderer Teil schließlich fiel auf guten Boden und brachte Frucht; die Saat ging auf und wuchs empor und trug dreißigfach, ja sechzigfach und hundertfach. Und Jesus sprach: Wer Ohren hat zum Hören, der höre!" (Mk 4,3–9)

Ob Bauer oder Gärtner, alle werden nicken: Genau so ist es. Nicht alles, was ich tue, hat den gewünschten Erfolg, schon gar nicht sofort. Trotzdem: Unterm Strich wächst auch durch meinen Einsatz so viel, dass es zum Staunen ist. Auf das Ganze meiner Lebensgeschichte und aufs Ganze der Weltgeschichte gesehen, ist eine Ernte in Sicht!

Eine besondere Herausforderung unserer Geduld ist das Unkraut, das sich nicht ausrotten lässt:

„Jesus erzählte ihnen noch ein anderes Gleichnis: Mit dem Himmelreich ist es wie mit einem Mann, der guten Samen auf seinen Acker säte. Während nun die Leute schliefen, kam sein Feind, säte Unkraut unter den Weizen und ging wieder weg. Als die Saat aufging und sich die Ähren bildeten, kam auch das Unkraut zum Vorschein. Da gingen die Knechte zu dem Gutsherrn und sagten: Herr, hast du nicht guten Samen auf deinen Acker gesät? Woher kommt dann das Unkraut? Er antwortete: Das hat ein Feind von mir getan. Da sagten die Knechte zu ihm: Sollen wir gehen und es ausreißen? Er entgegnete: Nein, sonst reißt ihr zusammen mit dem Unkraut auch den Weizen aus. Lasst beides wachsen bis zur Ernte. Wenn dann die Zeit der Ernte da ist, werde ich den Arbeitern sagen: Sammelt zuerst das Unkraut und bindet es in Bündel, um es zu verbrennen; den Weizen aber bringt in meine Scheune." (Mt 13,24–30)

Wie oft schon habe ich wütend Disteln oder Schlingpflanzen ausgerissen – und hatte bei einer wertvollen Blume einen besonders schönen Stängel mit abgerissen! Erwünschtes und Unerwünschtes ist im Leben oft so miteinander verquickt, dass es vorläufig kaum zu trennen ist. Die Symbiose von Gut und Böse, auch in mir, muss ich ertragen – bis zum Erntetag. Da wird der Gutsherr – nicht wir – klären, was vernichtet werden soll und was in seine Scheune eingelagert wird. Ich darf mit Jesus sicher sein: *Jede Pflanze, die nicht mein himmlischer Vater gepflanzt hat, wird ausgerissen werden."* (Mt 15,13)

Ende gut, alles gut: Er hat einen Gartenplan, der wird die letzte Wirklichkeit sein. Dieser Plan nimmt allerdings uns ganz ernst. Gott rechnet mit jedem, er erwartet fruchtbare Mitwirkung. Deshalb bringt das Lukasevangelium diese Erzählung Jesu:

"Ein Mann hatte in seinem Weinberg einen Feigenbaum; und als er kam und nachsah, ob er Früchte trug, fand er keine. Da sagte er zu seinem Weingärtner: Jetzt komme ich schon drei Jahre und sehe nach, ob dieser Feigenbaum Früchte trägt, und finde nichts. Hau ihn um! Was soll er weiter den Boden seine Kraft nehmen? Der Weingärtner erwiderte: Herr, lass ihn dieses Jahr noch stehen; ich will den Boden um ihn herum aufgraben und düngen. Vielleicht trägt er doch noch Früchte; wenn nicht, dann lass ihn umhauen." (Lk 13,6–9)

Unsere Jugendlichen sagen von uninteressanten Leuten: „Die bringen nichts" und treffen damit genau die Denkweise dieses Gleichnisses. Wer nur verbraucht und Platz beansprucht, verliert seine Daseinsberechtigung. Selbstverständlich erwartet der Eigentümer des großen Gartens nicht dasselbe wie die heutige Leistungsgesellschaft. Für ihn ist Frucht eines Lebens nicht der Beitrag zum Bruttosozialprodukt. Die wichtigsten Früchte sind aus seiner Sicht Glaube, Hoffnung und vor allem Liebe. Sie wachsen auch noch auf der Pflegestation des Seniorenheimes und schon im Kinderwagen, bei Arbeitslosen und behinderten Mitmenschen. Dieses Evangelium zeigt, wie wichtig, ja unersetzlich, Gott unser Beitrag zur Fruchtbarkeit seines Gartens ist, aber auch, dass unser Leben immer wieder aufgehackt und gedüngt wird. Wir bekommen Hilfe beim Wachsen und Reifen, unerwartet noch eine neue Chance!

Meine Bibel und mein Garten fördern also Geduld und Zuversicht. Ich beziehe sie nicht aus meinem Erfolg und meinen Leistungen: *„Das Wort des Herrn aber wuchs und breitete sich aus"*, bilanziert der gleiche Lukas in der Apostelgeschichte (Apg 12,24). Das kann und muss letztlich niemand alleine machen. Und der Apostel Paulus versucht, es den Christen in der griechischen

Hafenstadt Korinth klar zu machen, als sich die Gemeinde in verschiedene „Fanclubs" aufzulösen droht:

....

„Was ist denn Apollos? Und was ist Paulus? Ihr seid durch sie zum Glauben gekommen. Sie sind also Diener, jeder wie der Herr es ihm gegeben hat: Ich habe gepflanzt, Apollos hat begossen, Gott aber ließ wachsen. So ist weder der etwas, der pflanzt, noch der, der begießt, sondern nur Gott, der wachsen lässt. Wer pflanzt und wer begießt: beide arbeiten am gleichen Werk, jeder aber erhält seinen besonderen Lohn, je nach der Mühe, die er aufgewendet hat. Denn wir sind Gottes Mitarbeiter ..." (1 Kor 3,5–9)

....

Ich kann nichts wachsen machen und bin trotzdem unersetzlicher Gartengehilfe!

Wenn wir mit den Augen Jesu und seiner ersten Mitarbeiter uns in der Natur umsehen, darf schließlich ein Blick nicht fehlen, der aus dem Herzen Jesu kommt und unseres gesund machen kann:

„Lernt von den Lilien, die auf dem Feld wachsen: Sie arbeiten nicht und spinnen nicht. Doch ich sage euch: Selbst Salomo war in all seiner Pracht nicht gekleidet wie eine von ihnen. Wenn aber Gott schon das Gras so prächtig kleidet, das heute auf dem Feld steht und morgen ins Feuer geworfen wird, wie viel mehr dann euch, ihr Kleingläubigen! Macht euch also keine Sorgen und fragt nicht: Was sollen wir essen? Was sollen wir trinken? Was sollen wir anziehen? Denn um all das geht es den Heiden. Euer himmlischer Vater weiß, dass ihr das alles braucht. Euch aber muss es zuerst um sein Reich und um seine Gerechtigkeit gehen, dann wird euch alles andere dazugegeben. Sorgt euch also nicht um morgen; denn der morgige Tag wird für sich selbst sorgen. Jeder Tag hat genug eigene Plage." (Mt 6,28–34)

Wer mit offenen Augen und offenem Herzen im Garten ist, wird also das Wichtigste lernen, was es überhaupt zu lernen gibt: leben, richtig leben. Im Garten dürfen wir uns langsam aber sicher die verkrampfte Sorge um unser Ich abgewöhnen. Unsere Ängste um das „Morgen" werden abschmelzen, wenn wir sehen, wie die „Vögel des Himmels" und die kleinsten Tiere Nahrung finden und Blumen am Zaun in wilder Schönheit die sagenhafte Pracht des Königs Salomon übertreffen. Nahrung, Kleidung, Schönheit, Ansehen, wofür wir uns anstrengen bis zur Selbstzerstörung: „Vertraue nur", sagt Jesus, „was du wirklich nötig hast, wird dir reichlich geschenkt."

Missernte

Es ist zum Heulen in diesem Jahr:
Kaum eine Tomate ist reif geworden.
Dabei hatten wir uns so viel Mühe gemacht.
Die Setzlinge waren kräftig aus dem Gewächshaus gekommen,
der Boden gut vorbereitet,
herrliche Pferdeäpfel untergemischt,
die Stangen zum Ranken bereit,
wir haben fleißig gegossen,
aber ...
Zuerst wuchs fast nichts,
dann faulten sie vor dem Reifen ...
Aber die Zucchini waren prächtig,
jede Menge grüne Bohnen
und die ersten Pfirsiche köstlich vom neuen Baum. –
Ja, ich weiß, was du mir sagen willst.
Ich kann nicht immer Erfolg haben,
sonst werde ich übermütig.
Das Ergebnis aller Mühen bleibt doch immer Geschenk.
Ich bin nicht allmächtig und werde es nicht.
Gott sei Dank.

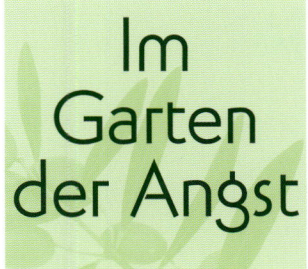

Im Garten der Angst

In diesem Kapitel betreten wir den einzigen Garten der Bibel, der geographisch genau lokalisiert werden kann und sogar bis heute besteht. Es stimmt nachdenklich, dass gerade der Garten der Angst so greifbar blieb. Wenn wir von der Altstadt Jerusalems nach Osten blicken, sehen wir den Ölberg immer noch im silbergrünen Schimmer der Ölbäume, die ihm den Namen gaben. Wer einen der steilen Abhänge hinuntergestiegen und *„auf die andere Seite des Baches Kidron"* (Joh 18,1) gekommen ist, wird gleich neben der „Kirche der Nationen" den von Franziskanern liebevoll gepflegten Garten finden, den täglich tausende Pilger aus aller Welt besuchen, wenn nicht gerade mal wieder eine Krise den Besucherstrom stoppt. Botaniker halten für möglich, dass die immer noch sprießenden Baumruinen an die 2000 Jahre alt sind. Wer aber nun gleich meint, an diesen Bäumen habe Jesus seinen letzten Abend verbracht, muss sich sagen lassen, dass die Römer bei der Zerstörung Jerusalems im Jahre 70 vermutlich kaum einen Baum verschont haben. Holz ist bis heute ein knapper Rohstoff im Heiligen Land. Wer sich ein Bild von dem Garten der Todesangst und der Verhaftung Jesu machen will, geht besser ein paar Schritte am Ölberg weiter. Dort sehen wir, von malerischen Natursteinmauern eingefasst, noch viele Gärten mit Ölbäumen, Obstbäumen und Blumen. Wer sich dort ein ruhiges Plätzchen sucht, abseits vom frommen Getriebe, wird die Berichte des Evangeliums fast hautnah erleben, sehen und einatmen:

....

„Nach dem Lobgesang gingen sie zum Ölberg hinaus … Sie kamen zu einem Grundstück, das Getsemani heißt, und er sagte zu seinen Jüngern: Setzt euch und wartet hier, während ich bete. Und er nahm Petrus, Jakobus und Johannes mit sich. Da ergriff ihn Furcht und Angst, und er sagte zu ihnen: Meine Seele ist zu Tode betrübt. Bleibt hier und wacht! Und er ging ein Stück weiter, warf sich auf die Erde nieder und betete, dass die Stunde, wenn möglich, an ihm vorübergehe. Er sprach: Abba, Vater, alles ist dir möglich. Nimm diesen Kelch von mir! Aber nicht, was ich will, sondern was du willst (soll geschehen). Und er ging zurück und fand sie schlafend." (Mk 14,26.32–37)

....

Allein. Selbst die engsten Gefährten, die kurz vorher noch vollmundig erklärt hatten, mit ihm sogar zum Sterben bereit zu sein, waren eingeschlafen. Das Abendmahl mit gebratenem Osterlamm, Bitterkräutern, ungesäuerten Brotfladen und reichlich Rotwein hatte sie erschöpft. Die *„Augen waren ihnen zugefallen"* formuliert Markus verständnisvoll (Mk 14,40). Wer wollte über sie herziehen! Sie waren wie wir sind. Wie oft lassen auch wir die Liebsten und Wichtigsten in entscheidenden Momenten allein!

Alleinsein potenziert die Angst. Man könnte sogar sagen: Angst *ist* Alleinsein, eingeengt vom drohenden Tod – und das bei Jesus? Er ist doch „Gottes Sohn"! Ja, das glauben wir mit guten Gründen. In diesem nächtlichen Garten aber ist er uns als Mensch ganz besonders nahe: Das Dunkel des Todes überfällt ihn unter den Ölzweigen. Wie die Oliven zerquetscht werden, damit das Öl herausfließt, so soll sein Leben jetzt ausgepresst werden für die Vielen. In seinem Gebet zum Vater, den er zärtlich „Abba" (Papa) nennt, leuchtet kaum Hoffnung auf. Er kann nur Zerstörung kommen sehen: das Ende nach erst 33 Lebensjahren und, schlimmer noch, das Ende seines Wirkens! Er hatte ja immer von dem Vater geredet, der für alle sorgt, der *„sogar die Haare auf eurem Kopf gezählt"* hat. Wo ist der jetzt und hier? War alles ein Irrtum, frommer Wahn?

Wie ein heller Mondstrahl fällt in diese Dunkelheit die Bereitschaft zu letzter Hingabe: *„Nicht, was ich will, sondern was du willst."* Er kündigt diesem Vater nicht, er gibt sich ihm ab, in letztem Sprung des Vertrauens. Wenn Lukas an dieser Stelle in seinem Evangelium von einem *„Engel vom Himmel"* erzählt, der ihm Kraft gab (Lk 22,43), müssen wir nicht an eine irgendwie sichtbare Erscheinung denken. Manchmal durchzuckt uns in entscheidenden Momenten ein Gedanke, ein Gefühl, das zwar nicht die äußere Situation, aber die innere Einstellung ändert und das wir deshalb als ein Geschenk des Himmels, als Gabe eines Boten, ansehen.

„Noch während er redete, kam Judas, einer der Zwölf mit einer Schar Männer, die mit Schwertern und Knüppeln bewaffnet waren …" (Mk 14,43).

Wie konnte der Verräter eigentlich wissen, wohin er das Verhaftungskommando führen musste? Es gab keine Straßenbeleuchtung und der Ölberg ist groß, ein ganzer Höhenrücken mit drei Gipfeln. Die Antwort scheint mir einfach: Weil Jesus mit seinen Freunden, auch Judas, in diesem Garten schon öfter übernachtet hatte. Zu Ostern ist es in Jerusalem bis heute so voll von Pilgern, dass man in der Stadt kaum Quartier findet. Umgekehrt ist es in dieser Jahreszeit schon so warm wie im mitteleuropäischen Hochsommer. Die Pilger konnten sich in ihre Mäntel hüllen und gut im Freien schlafen! Am Ölberg gibt es in den Gärten auch Grotten, in denen die Bauern jetzt noch Gartengeräte lagern oder sogar ein paar Schafen einen Stall eingerichtet haben. Das hebräische Wort „Getsemani" bedeutet „Ölkelter" (Ölpresse). Es lässt sich sogar denken, dass ihr Besitzer der kleinen Pilgergruppe aus Galiläa mit dem Rabbi Jeschua aus Nazaret diesen Schlafplatz angeboten hatte.

Jedenfalls verhaften sie Jesus in diesem Garten und man spürt bei den vier Evangelisten noch das Entsetzen, als sie ihn ergreifen und festnehmen – und er sich nicht wehrt. Sie zerren ihn jetzt aus dem Garten und über das Wadi Kidron hinauf in die Stadt, wo er verurteilt werden soll – möglichst schnell weg mit ihm! Ich denke hier an Adam, der auch den Garten verlassen muss. Die Tradition der Christen nennt Jesus ja gern den neuen Adam. Sein Gehorsam hat den Ungehorsam des alten unschädlich gemacht! In der Grabeskirche in Jerusalem gibt es unter dem Golgotafelsen einen Schacht. Durch ihn soll nach einer herzbewegenden Legende das Blut Christi bei der Kreuzigung auf den Totenschädel Adams getropft sein. Wir sehen dieses Motiv auf vielen Ikonen der Ostkirche: neues Leben für Adam, Eva und alle ihre Nachkommen – durch die Hingabe Jesu an den Willen Gottes im Garten der Angst.

Verwurzelt

Der Sturm tobte,
fast ein Orkan.
Dachziegel flogen,
Äste bogen sich und einige brachen ab,
aber die Bäume
hielten stand.
Ihre Wurzeln sind tief und stark genug.
Und meine?
Was hält mich
bei heftigem Gegenwind,
widerstandsfähig
in Katastrophen?
Du, mein Glaube wurzelt zu flach,
meine Hoffnung ist dünn,
befestige du mich,
radikal in deiner Liebe und Treue.

Im Garten des neuen Lebens

Der zweite Garten, den wir in Jerusalem besuchen können, ist nicht mehr als solcher erkennbar. Mit hoher Wahrscheinlichkeit – sagen die Archäologen – lag er da, wo seit dem vierten Jahrhundert die wichtigste Kirche der Christen steht: die Grabeskirche in der dicht bebauten Altstadt Jerusalems:

> „An dem Ort, wo man ihn gekreuzigt hatte, war ein Garten, und in dem Garten war ein neues Grab, in dem noch niemand bestattet worden war. Wegen des Rüsttages der Juden und weil das Grab in der Nähe lag, setzten sie Jesus dort bei." (Joh 19,41–42)

Wer sich ein Bild davon machen will, kann an der Nablus Road, wenige Gehminuten vom Damaskustor, das „Gartengrab" besuchen. Es ist sicher nicht das Grab Jesu, aber der englische General, der im 19. Jahrhundert davon überzeugt war, hinterließ uns eine hervorragende Vorstellung, wie es im Garten des Ratsherrn Josef von Arimathäa (Mt 27,57ff) ausgesehen haben könnte. Neben den gepflegten Beeten und Bäumen kann man eine Felsenkammer besuchen, wie sie der Besitzer für das Begräbnis der Familie hatte aushauen lassen. So verhinderte er in seiner stillen Verehrung für Jesus aus Nazaret, dass der Leichnam in die Grube mit den anderen Verurteilten geworfen wurde. Gleich neben dem „Gartengrab" sehen die Besucher einen Felsen mit islamischen Gräbern, der – mit etwas Phantasie betrachtet– einem Schädel ähnelt. Wenn wir die Steinfelder mit Gräbern von Juden und Muslimen um Jerusalem anschauen, die heute als Grabstätten begehrt sind, wird uns bewusst, dass

ein Grab im Garten keine Selbst-
verständlichkeit war. Unsere
Friedhöfe sind in aller Regel gepflegten Parkanlagen ähnlich. Im
wasserarmen Orient aber sind
grüne Gärten ein besonderes
Geschenk der Natur, wie etwa in
den Oasen, oder ein Privileg der
Reichen. Die Bestattung Jesu in
einem Garten ist ein Ausdruck hoher Wertschätzung für dieses Op-
fer ungerechter Schnelljustiz und
ein erster Schimmer des Lebens,
das gerade aus diesem Tod auf-
blühen sollte:

„Am ersten Tag der Woche kam Maria von Magdala frühmorgens, als es noch
dunkel war, zum Grab und sah, dass der Stein vom Grab weggenommen war.
Da lief sie schnell zu Simon Petrus und dem Jünger, den Jesus liebte, und
sagte zu ihnen: Man hat den Herrn aus dem Grab weggenommen, und wir
wissen nicht, wohin man ihn gelegt hat. Da gingen Petrus und der andere
Jünger hinaus und kamen zum Grab; sie liefen beide zusammen dorthin, aber
weil der andere Jünger schneller war als Petrus, kam er als erster ans Grab."
(Joh 20,1–4)

Der Verfasser dieser Zeilen hat gegen Ende des ersten Jahrhunderts bereits unsere Erfahrung gemacht: Die Liebe ist schneller als das Amt. Und doch brauchen wir beide, um das Unvorstellbare langsam zu begreifen. Nein, kein Leichendiebstahl, nicht nächtliche Exhumierung. Das göttliche Samenkorn ist unauffindbar geworden. Es hat in dieser Nacht die Schöpfung der Vollendung näher gebracht. Die Evolution lässt in dieser Nacht ihr Ziel erkennen. Auferstehung ist ein missverständliches Wort. Was hier berichtet wird, hat nur von ferne Ähnlichkeit mit dem Aufstehen am Morgen. Was hier berichtet wird, ist nicht eine Wiederbelebung, keine Rückkehr in das alte Leben, sondern ein neuer Anfang:

....

„Maria aber stand draußen vor dem Grab und weinte. Während sie weinte, beugte sie sich in die Grabkammer hinein. Da sah sie zwei Engel in weißen Gewändern sitzen, den einen dort, wo der Kopf, den anderen dort, wo die Füße des Leichnams Jesu gelegen hatten. Die Engel sagten zu ihr: Frau, warum weinst du? Sie antwortete ihnen: Man hat meinen Herrn weggenommen, und ich weiß nicht, wohin man ihn gelegt hat. Als sie das gesagt hatte, wandte sie sich um und sah Jesus dastehen, wusste aber nicht, dass es Jesus war. Jesus sagte zu ihr: Frau, warum weinst du? Wen suchst du? Sie meinte, es sei der Gärtner, und sagte zu ihm: Herr, wenn du ihn weggebracht hast, sag mir, wohin du ihn gelegt hast. Dann will ich ihn holen. Jesus sagte zu ihr: Maria! Da wandte sie sich ihm zu und sagte auf hebräisch zu ihm: Rabbuni! Das heißt: (Mein) Meister." (Joh 20,11–16)

....

Sie kann zunächst nur unter Tränen feststellen, wie er ihr fehlt. Zur weiteren Trauer fehlt ihr der Leichnam. Sie vermutet eine Umbettung, als sie den Gärtner zu treffen meint. Erst als sie sich persönlich angesprochen fühlt, erst als eine irgendwie vertraute Stimme ihren Namen ausspricht, fällt es ihr wie

Schuppen von den Augen: Der Tote lebt, er sieht anderen Menschen zum Verwechseln ähnlich. Dass sie den Meister ihres Lebens gerade mit dem Gärtner verwechselt, wird viele Gärtner besonders freuen und uns wie diese Mirjam aus Magdala am See Gennesaret aufnahmebereit in den Garten gehen lassen. Er ist von Natur aus ein Ort des Sterbens und des Lebens, des Vergehens und Neuwerdens. Und diese beiden Wirklichkeiten existieren nicht einfach nur nebeneinander! Im Garten ist es mit Händen zu greifen: Leben kommt aus dem Tod. Ohne Tod kein Leben. Das Neue ähnelt allerdings kaum dem, was wir in die Erde gelegt haben, es ist fast immer viel schöner, unvorstellbar für alle, die das noch nie erlebt haben.

Der jüdische Theologe Saul aus Tarsus, der weltbekannt wurde unter seinem römischen Namen Paulus, schrieb an die Christen der griechischen Hafenstadt Korinth zu ihren Zweifeln an der Auferstehung der Toten:

....

„Auch das, was du säst, wird nicht lebendig, wenn es nicht stirbt. Und was du säst, hat noch nicht die Gestalt, die entstehen wird; es ist nur ein nacktes Samenkorn, zum Beispiel ein Weizenkorn oder ein anderes. Gott gibt ihm die Gestalt, die er vorgesehen hat, jedem Samen eine andere … So ist es auch mit der Auferstehung der Toten. Was gesät wird, ist verweslich, was auferweckt wird, unverweslich. Was gesät wird, ist armselig, was auferweckt wird, herrlich. Was gesät wird, ist schwach, was auferweckt wird, ist stark. Gesät wird ein irdischer Leib, auferweckt ein überirdischer Leib." (1 Kor 15,36–38.42–44)

....

Wie der aussehen wird, wissen wir so wenig wie Menschen, die nur Herbst und Winter kennen, aber noch nie Frühling und Sommer erlebt haben. Die Erfahrungen der ersten Freunde Jesu nach seinem Tod geben uns nur eine Ahnung des neuen Lebens nach unserem Tod. Die Worte jetzt können noch nicht fassen, was in der neuen Wirklichkeit uns blüht: Er ist derselbe und doch ganz anders, nicht mehr gebunden an Raum und Zeit und sieht den Mitmenschen jetzt manchmal zum Verwechseln ähnlich. Wir dürfen gespannt in den Garten gehen, bereit zu ganz neuer Lebenserfahrung.

GEBET

....

Fallende Blätter

Wie schön waren sie, als sie kamen,
damals:
knospendes Leben!
Schattenspender im Sommer,
Vögel und Insekten im reichlichen Laub,
bunte Pracht im Herbst,
jedes ein Kunstwerk.
Kein Blatt glich dem andern –
und jetzt gleiten alle gleich
zur Erde,
sanft abgepflückt oder jäh gerissen.
Vorbei.
Alles vorbei?
Nein, Verwandlung statt Vernichtung
für die kleinsten Blätter,
für uns erst recht,
seit du für uns
zur Erde gesunken.

Im Garten der Zukunft

Die meisten Christen haben über den Tod hinaus eine Hoffnung für sich und ihre Lieben in einem Jenseits oder „oben"; aber, was wird aus unten, aus unserer Erde? Geht es mit unserer Welt aufwärts oder abwärts? An der Beantwortung solcher Fragen hängt unser Lebensgefühl. Deshalb kommen sie in der Bibel von Anfang bis Ende immer wieder vor. Gerade in den großen Krisen des Volkes Israel und den frühen Verfolgungen der Christen suchte man Zukunftsperspektiven.

Immer wieder wurde in Notzeiten der Gott Israels als der Landschaftsgärtner ausgemalt, der den verängstigten Menschen neuen Lebensraum bieten will:

„Auf den kahlen Hügeln lasse ich Ströme hervorbrechen
und Quellen inmitten der Täler.
Ich mache die Wüste zum Teich
und das ausgetrocknete Land zur Oase.
In der Wüste pflanze ich Zedern,
Akazien, Ölbäume und Myrten.
In der Steppe setze ich Zypressen,
Platanen und auch Eschen.
Dann werden alle sehen und erkennen,
begreifen und verstehen,
dass die Hand des Herrn das alles gemacht hat,
dass der Heilige Israels es erschaffen hat." (Jes 41,18–20)

Die Wüste wird zur Parklandschaft. Am Wasserreichtum und an üppigen Neupflanzungen können dann auch diejenigen Gott erkennen, die jetzt noch nicht mit ihm rechnen.

Wie deprimierend die Gegenwart auch sein mag *„der Herr hat Erbarmen mit Zion, er hat Erbarmen mit all seinen Ruinen. Seine Wüste macht er wie Eden, seine Öde wie den Garten des Herrn. Freude und Fröhlichkeit findet man dort, Lobpreis und den Klang von Liedern."* (Jes 51,3)

Der Gottesberg in Jerusalem, der Zion mit dem Tempel, ist für die Gläubigen Israels der Hoffnungsort schlechthin. Hier erfährt man bei Wallfahrt und Gottesdienst die freundliche Nähe des Schöpfers. Die Innenwände und Torflügel des Tempelhauses waren mit Palmen und Darstellungen von Blumenkelchen geschmückt, die beiden Säulen am Eingang liefen in lotusförmige Kapitelle aus, die mit bronzenen Granatäpfeln geschmückt waren: Wer den Tempel betrat, kam dem Paradies wieder näher. (vgl. 1 Könige 6) Deshalb war die Zerstörung des Tempels im Jahr 586 vor Christus die größte Katastrophe. Sein Wiederaufbau etwa 70 Jahre später sollte dagegen zeigen: Die ganze Erde ist ein Lebenshaus, in dem wir miteinander wohnen dürfen.

Wenn Gärten in der Kulturgeschichte der Menschheit oft nur den Reichen und Mächtigen gehörten und die Armen und Elenden ausgeschlossen waren, sollte das endgültig anders werden:

„Sie werden in Sicherheit wohnen, und niemand wird sie erschrecken. Ich pflanze ihnen einen Garten des Heiles. Sie werden in ihrem Land nicht mehr vom Hunger dahingerafft werden, und die Schmähungen der Völker müssen sie nicht mehr ertragen." (Ez 34,28–29)

Dass Gott solche Zukunft schaffen wird, merkt man an denen, die jetzt schon nach seiner Ordnung leben:

„Der Gerechte gedeiht wie die Palme,
er wächst wie die Zedern des Libanon.
Gepflanzt im Hause des Herrn,
gedeihen sie in den Vorhöfen unseres Gottes.
Sie tragen Frucht noch im Alter
und bleiben voll Saft und Frische." (Ps 92,13–15)

An das saftige Grün der Bäume im Tempelbezirk erinnern also die Beter dort. An ihnen kann man die Segensmacht des guten Schöpfers immer wieder feststellen, wenn die ersehnte neue Realität sich noch nicht so recht einstellen will und immer neue Katastrophen das Gottvertrauen erschüttern.[5]

Als um 722 vor Christus im Norden Israels lebende Stämme nach Assur verschleppt wurden, vermittelt eine wunderbare kleine Trostschrift Hoffnung auf Heimkehr und Wiederherstellung. Sie hört Gott sagen:

„Mit ewiger Liebe habe ich dich geliebt, darum habe ich dir so lange die Treue bewahrt ... Wieder sollst du Weingärten pflanzen auf Samarias Bergen. Wer Pflanzungen anlegt, darf ihre Früchte gen eßen." (Jer 31,3.5)

Kühne Behauptungen oder reale Vision? Unsere Zukunft – ein Garten?

Wie in den ersten Kapiteln der Bibel finden wir einen Garten auch in ihren allerletzten: Die Geheime Offenbarung, die Apokalypse, ist ja – entgegen dem

Gebrauch dieses Wortes in der Alltagssprache – letzten Endes ein Trostbuch, das uns Mut zur Zukunft Gottes macht, trotz allem, was vorher noch Furchtbares passiert. Deshalb greift der Verfasser auf der griechischen Insel Patmos die Bilderwelt des Paradiesgartens wieder auf. Er will sagen: So wie es hätte auf dieser Erde werden können, so ähnlich soll es schließlich und endlich werden! Gott im Garten, genauer: in einer Gartenstadt oder einem Stadtgarten – versöhnt mit seinen Geschöpfen:

„Und es kam einer von den sieben Engeln, die, die sieben Schalen mit den sieben letzten Plagen getragen hatten. Er sagte zu mir: Komm, ich will dir die Braut zeigen, die Frau des Lammes. Da entrückte er mich in der Verzückung auf einen großen, hohen Berg und zeigte mir die heilige Stadt Jerusalem, wie sie von Gott her aus dem Himmel herabkam, erfüllt von der Herrlichkeit Gottes. ... Einen Tempel sah ich nicht in der Stadt. Denn der Herr, ihr Gott, der Herrscher über die ganze Schöpfung, ist ihr Tempel, er und das Lamm." (Offb 21,9–11.22)

Wer in der zukünftigen Stadt Gott begegnen will, muss kein Gebäude errichten und keines aufsuchen. Wir werden im Schöpfer wohnen, ihm nahe sein im „Lamm". So wird im Neuen Testament der genannt, der wie ein Lamm vor dem alten Jerusalem „geschlachtet" wurde. Für uns finde ich bemerkenswert, dass nach dieser Vorstellung wir nicht in den Himmel kommen: Der Himmel kommt zu uns! In einem stillen sonnendurchfluteten Sommergarten etwa können wir dann und wann einen Aperitif nehmen, also einen Eröffner und Vorgeschmack dieser Herrlichkeit. „Ist es nicht himmlisch hier?!", denken oder sagen wir dann. Und wir verstehen besser:

„Die Stadt braucht weder Sonne noch Mond, die ihr leuchten. Denn die Herr-lichkeit Gottes erleuchtet sie, und ihre Leuchte ist das Lamm. Die Völker wer-den in diesem Licht einhergehen, und die Könige der Erde werden ihre Pracht in die Stadt bringen. Ihre Tore werden den ganzen Tag nicht geschlossen – Nacht wird es dort nicht mehr geben." (Offb 21,23–25)

Die erwartete Gartenstadt ist also kein privates Idyll, für das man den Para-diesgarten noch halten konnte, sie ist für „die Völker", nicht nur für Juden und Christen! Und die Regierungen werden alles einbringen, was ihnen Schönes und Prachtvolles zur Verfügung war. Sicherheitspolitik ist kein Thema mehr, alle Tore sind immer offen. Nicht der sorgsam verschlossene Nutzgarten, son-dern der offene Park ist die Vision für alle, *die im Lebensbuch des Lammes eingetragen sind …"*. Hineinkommen wird keiner, *„der Gräuel verübt und lügt …"* (Offb 21,27).

„Und er zeigte mir einen Strom,
das Wasser des Lebens, klar wie Kristall;
er geht vom Thron Gottes und des Lammes aus.
Zwischen der Straße der Stadt
und dem Strom, hüben und drüben,
stehen Bäume des Lebens.
Zwölfmal tragen sie Früchte,
jeden Monat einmal;
und die Blätter der Bäume
dienen zur Heilung der Völker." (Offb 22,1–2)

Himmlische Zustände. Welchen Gärtner berauscht nicht die Vorstellung, jeden Monat ernten zu können – ohne gießen zu müssen, bei bleibender Sonne. Der kristallklare Lebensstrom sorgt für alles. Und die Blätter der Bäume sind wie im 47. Kapitel des Propheten Ezechiel nicht mehr lästiger Abfall, der mühsam zusammengeharkt und kompostiert werden muss, sie werden als Heilmittel wertvoll sein, für Gesundheitstees oder Salben ständig und kostenlos zur Verfügung stehen, und das wiederum nicht nur für die Gebrechen einzelner Patienten, sondern zur „Heilung der Völker", aller Volkskrankheiten leiblicher und geistiger Art und der krankhaften Angewohnheit, Konflikte kriegerisch lösen

zu wollen. Der Stadtgarten von überübermorgen ist also gleichzeitig ein Kurpark, die endgültige Apotheke dessen, von dem her alles Leben fließt.
Und es heißt in den letzten Sätzen der Bibel:

....

„Ich bin das Alpha und das Omega, der Erste und der Letzte, der Anfang und das Ende. Selig, wer sein Gewand wäscht: Er hat Anteil am Baum des Lebens, und er wird durch die Tore in die Stadt eintreten können." (Offb 22,13–14).

....

Garten-
gebete

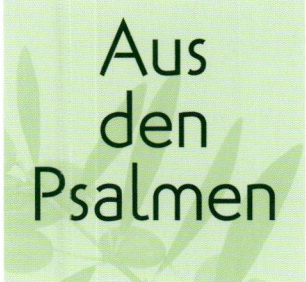

Aus
den
Psalmen

Wir haben uns umgesehen in den Gärten der Bibel und auf ihre Botschaft zu hören versucht. Jetzt gehen wir, bereichert durch die uralten Erfahrungen, in unsere Gärten. Wer heute im Garten Gott begegnen und Beten lernen möchte, tut gut daran, aus der Bibliothek der Bibel ein kleines Buch dorthin mitzunehmen, aus dem schon unzählbar viele Menschen Beten gelernt haben. Psalmen waren seit König David, also schon 1000 Jahre lang gedichtet und gesammelt worden, als Jesus die im Psalmenbuch zusammengestellten Psalmen in Nazaret kennen lernte. Diese 150 Gebete und Lieder konnte er höchstwahrscheinlich, wie die meisten frommen Juden seiner Zeit, zu einem großen Teil auswendig. Im Neuen Testament merken wir auf Schritt und Tritt, wie dieses großartige Gebet- und Gesangbuch das Leben der ersten Christengeneration prägte – nicht nur ihren Gottesdienst und ihre Predigt.

Gleich der 1. Psalm passt unter einen Obstbaum. Warum soll ich mich nicht an seinen Stamm lehnen, vielleicht im Schutz der Dämmerung oder frühmorgens, wenn noch kein Nachbar mich beobachtet, und murmeln:

....

„Wohl dem Mann, der nicht dem Rat der Frevler folgt,
nicht auf dem Weg der Sünder geht,
nicht im Kreis der Spötter sitzt,
sondern Freude hat an der Weisung des Herrn,
über seine Weisung nachsinnt bei Tag und bei Nacht.
Er ist wie ein Baum,
der an Wasserbächen gepflanzt ist,
der zur rechten Zeit seine Frucht bringt
und dessen Blätter nicht welken." (Ps 1,1–3)

....

Ich spüre die Rinde im Rücken, meine Füße stehen auf dem Wurzelboden und ich fühle den Wunsch, diesem Baum etwas ähnlicher zu werden. Mein Leben wird von selbst fruchtbar, wenn ich tief genug verwurzelt bin in dir, du Mutterboden, du Grundwasser des Lebens.

Ja, es gibt tausend Gegenkräfte, die mich immer wieder entwurzeln wollen, und oft lasse ich sie an mich heran. Da macht der 36. Psalm mir Mut:

„Herr, du hilfst Menschen und Tieren.
Gott, wie köstlich ist deine Huld!
Die Menschen bergen sich im Schatten deiner Flügel,
sie laben sich am Reichtum deines Hauses;
du tränkst sie mit dem Strom deiner Wonnen.
Denn bei dir ist die Quelle des Lebens,
in deinem Licht schauen wir das Licht." (Ps 36,7–10)

Diesen letzten Vers verstehe ich auch im Garten besser: Im inneren Licht des Glaubens an die Liebe des Schöpfers ent-decke ich die Leuchtkraft des Lichtes in der Natur. Was ich mit den Augen wahr-nehme, das erste und das letzte Tageslicht, das Flimmern des Lichtes an einem Hochsommertag, das Spiel von Licht und Schatten hier unter dem Baum, alles wird zum Signal jenes Lichtes, das meine Netzhaut jetzt noch nicht vertragen kann. Auch an trüben Tagen werde ich, so gesehen, immer noch genug Licht aufnehmen können, um nicht ganz zu verdüstern und ich werde leichter, zu allen Tages- und Lebenszeiten, mit dem ersten Psalm des großen Lobgesangs an jüdischen Hauptfesten sagen oder singen können:

„Halleluja!
Lobet, ihr Knechte des Herrn,
lobt den Namen des Herrn!
Der Name des Herrn sei gepriesen
von nun an bis in Ewigkeit.
Vom Aufgang der Sonne bis zum Untergang
sei der Name des Herrn gelobt." (Ps 113,1–3)

Gärten sind selten überdacht. Der Himmel ist über ihnen offen, im doppelten Sinn des Wortes. Wir werden heutzutage nicht mehr Gott über den Wolken vermuten und doch in der Höhe, über uns ausschauen nach dem Geheimnis, das über unseren Verstand geht. Für den Beter des 19. Psalms ist es klar:

„Die Himmel rühmen die Herrlichkeit Gottes,
vom Werk seiner Hände kündet das Firmament.
Ein Tag sagt es dem andern,
eine Nacht tut es der andern kund,
ohne Worte und ohne Reden,
unhörbar bleibt ihre Stimme.
Doch ihre Botschaft geht in die ganze Welt hinaus,
ihre Kunde bis zu den Enden der Erde." (Ps 19,2–5)

Die Betrachtung des sichtbaren Himmels wird zur Ahnung des unvorstellbaren. Wie im 108. Psalm so auch im 57. Psalm:

„Ich will dich vor den Völkern preisen, Herr,
dir vor den Nationen lobsingen.
Denn deine Güte reicht, so weit der Himmel ist,
deine Treue, so weit die Wolken ziehn.
Erheb dich über die Himmel, o Gott!
Deine Herrlichkeit erscheine über der ganzen Erde." (Ps 108,4–6; Ps 57,6)

So kann ich meine kleine Morgen- oder Abendandacht unter dem Obstbaum beenden. Wenn ich dann beim Gang durch den Garten feststelle, dass einige Pflanzen, die nicht so tief wurzeln, dringend gegossen werden müssten, fällt mir der 63. Psalm ein, der oft an Sonn- und Feiertagen das Morgenlob katholischer Priester, Diakone und Ordensleute eröffnet:

„Gott, du mein Gott, dich suche ich,
meine Seele dürstet nach dir.
Nach dir schmachtet mein Leib
wie dürres, lechzendes Land ohne Wasser." (Ps 63,2)

Gute Begleitworte beim Füllen der Gießkanne und beim Wässern meiner schlaff gewordenen Pflanzen! Ich darf mich als Mitarbeiter des großen Gärtners erfahren:

„Alle, die an den Enden der Erde wohnen,
erschauern vor deinen Zeichen;
Ost und West erfüllst du mit Jubel.
Du sorgst für das Land und tränkst es;
du überschüttest es mit Reichtum.
Der Bach Gottes ist reichlich gefüllt,
du schaffst ihnen Korn; so ordnest du alles.
Du tränkst die Furchen, ebnest die Schollen,
machst sie weich durch Regen, segnest ihre Gewächse.
Du krönst das Jahr mit deiner Güte,
deinen Spuren folgt Überfluss." (Ps 65,9–12)

Für die Dichter und Beter der Psalmen wirkt Gott letztlich alles: *„Er führt Wolken herauf vom Ende der Erde, er lässt es blitzen und regnen, aus seinen Kammern holt er den Sturmwind hervor."* (Ps 135,7) oder: *„Stimmt dem Herrn ein*

Danklied an, spielt unserem Gott auf der Harfe! Er bedeckt den Himmel mit Wolken, spendet der Erde Regen und lässt Gras auf den Bergen sprießen." (Ps 147,7–8)

In vielen Naturerscheinungen und in den Jahreszeiten lässt Gott sich unmittelbar erfahren: „*Er spendet Schnee wie Wolle, streut den Reif aus wie Asche. Eis wirft er herab in Brocken, vor seiner Kälte erstarren die Wasser. Er sendet sein Wort aus, und sie schmelzen, er lässt den Wind wehen, dann rieseln die Wasser.*" (Ps 147,16–18)

Nichts ist Zufall, nichts selbstverständlich. Deshalb beteten wir schon als Kinder nach dem 145. Psalm unser Tischgebet:

„Aller Augen warten auf dich, o Herr,
und du gibst ihnen Speise zur rechten Zeit.
Du öffnest deine Hand und sättigst alles, was lebt ..." (nach Ps 145,15–16)

In dem wunderschönen und ausführlichen Loblied auf den Schöpfer, das wir in Psalm 104 vor uns haben, wird die zärtliche Sorge besungen, die den Kosmos trägt und am Leben erhält. Ob Pflanzen, Tiere oder Menschen:

„Sie alle warten auf dich,
dass du ihnen Speise gibst zur rechten Zeit.
Gibst du ihnen, dann sammeln sie ein;
öffnest du deine Hand,
werden sie satt an Gutem." (Ps 104,27–28)

Dieser Weltsicht von fast idyllischer Harmonie können wir Heutigen uns nur schwer anschließen. Gab es denn vor 2000 bis 3000 Jahren keine Epidemien, keine Naturkatastrophen und keine Hungersnöte? Natürlich gab es sie, aber sie werden im gleichen Psalm in einer Mischung aus Gelassenheit und Hoffnung nur zur Kenntnis genommen:

„Verbirgst du dein Gesicht, sind sie verstört;
nimmst du ihnen den Atem, so schwinden sie hin
und kehren zurück zum Staub der Erde.
Sendest du deinen Geist aus,
so werden sie alle erschaffen,
und du erneuerst das Antlitz der Erde." (Ps 104,29–30)

Die dunkle Seite der Wirklichkeit kann die Freude an der Schöpfung offenbar nicht mindern und der Dichter dieses Psalms fordert sogar den Schöpfer auf, mit seiner Welt ganz zufrieden zu sein: *„Ewig währe die Herrlichkeit des Herrn; der Herr freue sich seiner Werke!"* (Ps 104,31) Erst ganz am Schluss redet der Psalm von den Störenfrieden im Schöpfungsgarten: *„Doch die Sünder sollen von der Erde verschwinden, und es sollen keine Frevler mehr da sein. Lobe den Herrn, meine Seele! Halleluja!"* (Ps 104,35)

Wenn die Dichter solcher Psalmen mit uns durch unsere Gärten gingen, würden sie nicht nur uns zum Lob Gottes auffordern, sondern sagen oder singen:

„Lobt ihn, Sonne und Mond,
lobt ihn, all ihr leuchtenden Sterne; ...
ihr Berge und all ihr Hügel,
ihr Fruchtbäume und alle Zedern,
ihr wilden Tiere und alles Vieh,
Kriechtiere und gefiederte Vögel, ...
Loben sollen sie den Namen des Herrn;
denn sein Name allein ist erhaben,
seine Hoheit strahlt über Erde und Himmel." (Ps 148,3.9–10.13)

Der letzte Satz des letzten Psalms (Ps 150,6) fasst dieses Empfinden zusammen: *„Alles was atmet, lobe den Herrn! Halleluja!"*

Die Psalmen helfen uns also, im Garten die Schöpfung und den Schöpfer neu zu entdecken, aber ebenso uns selbst: Gerade im Garten, ob bei der Arbeit oder bei der Ruhe, werde ich immer wieder vor die Frage gestellt: Wer bin ich auf dieser kleinen Erde im schier unendlichen Weltraum, einer von vielen Milliarden, wenige Jahre vor meiner Umwandlung in eine Handvoll Erde? In mancher sternklaren Nacht habe ich schon im Garten gesagt:

"Herr, unser Herrscher,
wie gewaltig ist dein Name auf der ganzen Erde;
über den Himmel breitest du deine Hoheit aus. ...
Seh' ich den Himmel, das Werk deiner Finger,
Mond und Sterne, die du befestigt:
Was ist der Mensch, dass du an ihn denkst,
des Menschen Kind, dass du dich seiner annimmst?
Du hast ihn nur wenig geringer gemacht als Gott,
hast ihn mit Herrlichkeit und Ehre gekrönt.
Du hast ihn als Herrscher eingesetzt über das Werk deiner Hände,
hast ihm alles zu Füßen gelegt ..." (Ps 8,2.4–7)

Diesen Auftrag und diese Würde kann ich besonders gut nachts im Garten spüren, dem Stückchen Erde, für das ich zur Zeit verantwortlich bin als Treuhänder Gottes, hoch über den Ameisen. Ich stamme aus der gleichen Evolution wie sie und fühle mich auch sehr nah bei ihnen. Trotzdem: Er will uns Menschen als seine Mitarbeiter, damit alles so wird, wie er es geplant hat. Nein, ich bin nicht Nichts, aber, weiß Gott, auch nicht alles.

Gerade die Psalmen halten mich gut in der Balance zwischen den Gefühlen von Wertlosigkeit einerseits und von Überheblichkeit andererseits. Noch bin ich *„im Haus Gottes wie ein grünender Ölbaum"* (Ps 52,10). Doch spätestens beim Rasenmähen erlebe ich:

....

„Von Jahr zu Jahr säst du die Menschen aus;
sie gleichen dem sprossenden Gras.
Am Morgen grünt es und blüht,
am Abend wird es geschnitten und welkt. …
Unser Leben währt siebzig Jahre,
und wenn es hoch kommt, sind es achtzig.
Das Beste daran ist nur Mühsal und Beschwer,
rasch geht es vorbei, wir fliegen dahin." (Ps 90,5–6.10)

....

Wer hätte in seinem Garten nicht schon getrauert über allzu schnell verblü-
hende Rosen oder den neuen Strauch, der die Blätter hängen lässt und wohl
nicht mehr zu retten ist, und dabei nicht die eigene Vergänglichkeit bedacht!

....

„Des Menschen Tage sind wie Gras,
er blüht wie die Blume des Feldes.
Fährt der Wind darüber, ist sie dahin;
der Ort, wo sie stand, weiß von ihr nichts mehr.
Doch die Huld des Herrn währt immer und ewig
für alle, die ihn fürchten und ehren;
sein Heil erfahren noch Kinder und Enkel;
alle, die seinen Bund bewahren,
an seine Gebote denken und danach handeln." (Ps 103,15–18)

....

In diesem Aufblick und Ausblick findet der Beter des Psalms Lebenskraft und neuen Mut. Und das ist keine Selbsttäuschung oder Schönfärberei Der Blick auf die reale Erde schenkt uns diese Zukunftsperspektive: Nach jedem Verwelken folgt eine neue Blüte. Der alt und morsch gewordene Pflaumenbaum hinterlässt, wenn man ihn lässt, viele „Enkel", von denen unsere Enkel oder Urenkel saftige Pflaumen ernten können. Im Garten stirbt nichts ins Nichts! Wer im Bund, in der Verbindung mit dem Schöpfer lebt, sagt dieser Psalm, wer seinen Grundgesetzen treu bleibt, der wird in seinem Sterben Leben finden für sich und Leben ermöglichen für neue Menschen.

Die „Huld" meint im Hebräischen die tatkräftige, zum Helfen bereite Liebe. Sie hat in den Psalmen eine Zwillingsschwester: die „Treue" – Eigenschaften Gottes für seine Menschen, sehr oft in einem Atemzug genannt, im Garten zu erfahren!

Im Garten finden Beter der Psalmen aber noch einen anderen Trost:

„Errege dich nicht über die Bösen,
wegen der Übeltäter ereifere dich nicht!
Denn sie verwelken schnell wie das Gras,
wie grünes Kraut verdorren sie.
Vertrau auf den Herrn und tu das Gute,
bleib wohnen im Land und bewahre Treue!
Freu dich innig am Herrn!
Dann gibt er dir, was dein Herz begehrt.
Befiehl dem Herrn deinen Weg und vertrau ihm;
Er wird es fügen. ...
Sei still vor dem Herrn und harre auf ihn!" (Ps 37,1–5.7)

Wenn ich mich also über einen Nachbarn sehr geärgert habe, zornig über eine Zeitungsmeldung oder wütend über eine Fernsehsendung bin, kann ich gut mit diesem Psalm in den Garten gehen und werde dort seine Illustration reichlich finden. Was andere in ihren Gärten und die „Großen" der Welt auf ihrem Gebiet anstellen, wird bald zu Ende gehen. Die Zukunft hat ein Anderer, um den sie sich selten oder nie kümmern. Ich muss vor Wut nicht auswandern, weder aus Deutschland noch aus dieser Welt: Ich „bleibe wohnen und bewahre die Treue" und gehe meinen Weg, herzlich verbunden mit dem, der Weg ist, Begleiter und Ziel. Auf dem Gartenweg lässt er mich Lebensweg üben. Zorn und Wut sind eine vitale Energie, gegen die wir Menschen nur schwer ankommen. Seit uns unser Lebensmeister sogar zur Feindesliebe aufgerufen hat, haben wir Christen ein Problem mehr. Hat Jesus etwa selbst gebetet:

„Sprecht ihr wirklich Recht, ihr Mächtigen?
Richtet ihr die Menschen gerecht?
Nein, ihr schaltet im Land nach Willkür,
euer Herz ist voll Bosheit;
eure Hände bahnen dem Unrecht den Weg. …
O Gott, zerbrich ihnen die Zähne im Mund!
Zerschlage, Herr, das Gebiss der Löwen!
Sie sollen vergehen wie verrinnendes Wasser,
wie Gras, das verwelkt auf dem Weg,
wie die Schnecke, die sich auflöst in Schleim; …" (Ps 58,2–3.7–9)

Wer in Gedanken mit Jesus bei der Tempelreinigung war, wird nicht auf die Idee kommen, er habe keinen Zorn gekannt. Heiliger Zorn allerdings gilt nicht

dem Täter, sondern seinen Taten. Es ist überhaupt nicht christlich und schon gar nicht menschlich, über jede Bosheit und Gemeinheit, auf jede Verkehrtheit und Verlogenheit Verständnis und Nachsicht zu gießen. Wenn ich im Garten Vertrocknetes und Faules zusammenkehre, darf ich alle Gefühle gerechten Zornes dazuwerfen. Und wenn ich sehe, wie schnell das Gießwasser im trockenen Boden verschwindet, darf ich alle Wut beimischen, die ich auf Andere und auf mich selber habe. Auch die Bosheit vergeht, die Sünde versickert, das himmelschreiende Unrecht verfault!

Manchmal wird uns im Garten aber auch ein unmoderner Gedanke kommen: Straft der liebe Schöpfer auch? Könnte das „Un-wetter" (seltsames Wort!) oder die lange Trockenperiode auch eine Quittung sein für unser Fehlverhalten, zumindest ein schmerzhafter Rippenstoß für unsere selbstgefällige Gedankenlosigkeit? Im 105. Psalm ist das gar keine Frage:

„Er schickte ihnen Hagel statt Regen,
flammendes Feuer auf ihr Land.
Er zerschlug ihnen Weinstock und Feigenbaum
und knickte in ihrem Gebiet die Bäume um.
Er gebot, da kamen Schwärme von Grillen
und Wanderheuschrecken in gewaltiger Zahl.
Sie fraßen alles Grün in ihrem Land,
sie fraßen die Frucht ihrer Felder." (Psalm 105,32–35)

Israel war überzeugt: So hat unser Gott angefangen, Ägypten weich zu klopfen, die eingebildete Großmacht, die uns weiter ausbeuten wollte! Gott schickte diese Plagen als Beugestrafen, zum Umdenken! Ein Umbruch, ein längst nötiger Neuanfang gelingt in der Politik wie im persönlichen Leben leider meist erst dann, wenn Druck und Misserfolge unerträglich wurden.

So helfen mir die Psalmen im Garten sehr, mit dem Leben zurechtzukommen, so wie es ist und ganz gleich, was noch kommt. Eines der schönsten Wallfahrtslieder im Psalmenbuch singt:

„Die mit Tränen säen,
werden mit Jubel ernten.
Sie gehen hin unter Tränen
und tragen den Samen zur Aussaat.
Sie kommen wieder mit Jubel
und bringen ihre Garben ein." (Ps 126,5–6)

Die so sangen, lebten unter schlimmsten Bedingungen im Exil an Euphrat und Tigris. Der Kreislauf der Natur wurde ihnen Hoffnung und Trost. Was für Schicksalsschläge auch kommen: Es gibt noch Aussaat und Ernte. Die hinreißende Schönheit und Fruchtbarkeit der Welt wird unsere Tränen trocknen helfen. Nein, der große Gärtner tut längst nicht immer, was wir uns wünschen, schon gar nicht sofort.

"Du hobst in Ägypten einen Weinstock aus,
du hast Völker vertrieben, ihn aber eingepflanzt.
Du schufst ihm weiten Raum;
er hat Wurzeln geschlagen und das ganze Land erfüllt.
Sein Schatten bedeckte die Berge,
seine Zweige die Zedern Gottes.
Seine Ranken trieb er bis hin zum Meer
und seine Schösslinge bis zum Eufrat.
Warum rissest du seine Mauern ein?
Alle, die des Weges kommen, plündern ihn aus.
Der Eber aus dem Wald wühlt ihn um,
die Tiere des Feldes fressen ihn ab.
Gott der Heerscharen, wende dich uns wieder zu
Blick vom Himmel herab, und sieh auf uns!
Sorge für diesen Weinstock
und für den Garten, den deine Rechte gepflanzt hat." (Ps 80,9–16)

Der Dichter dieses Psalms sieht also sein Volk als den Garten, den Gott nicht nur vernachlässigt, wie ich meinen oft, sondern sogar höchstpersönlich für die Verwüstung durch Passanten und Wildsäue freigibt, ja selbst damit beginnt durch Einreißen der Schutzmauern. Warum? Warum? Wenn mein Garten sprechen könnte, was würde er mich fragen? Was fragen mich die Menschen in meinem Lebensraum? Tue ich immer, was die sich wünschen? Warum manchmal nicht?

Einer der meistzitierten Psalmen ist bis heute der 23. Psalm. Er ist vielleicht auch der wichtigste für uns in unseren Gärten. Deshalb soll er auch vollständig hier stehen, bevor wir das Psalmenbuch wieder schließen:

....

„Der Herr ist mein Hirte,
nichts wird mir fehlen.
Er lässt mich lagern auf grünen Auen
und führt mich zum Ruheplatz am Wasser.
Er stillt mein Verlangen;
er leitet mich auf rechten Pfaden, treu seinem Namen.
Muss ich auch wandern in finsterer Schlucht,
ich fürchte kein Unheil;
denn du bist bei mir,
dein Stock und dein Stab geben mir Zuversicht.
Du deckst mir den Tisch
vor den Augen meiner Feinde.
Du salbst mein Haupt mit Öl,
du füllst mir reichlich den Becher.
Lauter Güte und Huld werden mir folgen mein Leben lang,
und im Haus des Herrn darf ich wohnen für lange Zeit." (Ps 23)

....

Probier es aus: Im Liegestuhl, am Gartenteich, beim Schlendern vorbei an den Beeten, als Tischgebet, vor dem Erfrischungsgetränk oder nach dem Eincremen mit Sonnenöl (Vers 5)! Ob du nicht mit diesen Jahrtausende lang bewährten Gedanken noch tiefer genießen lernst? Sichtbar und hautnah wird die Sorge, die er um dich trägt. Entgegenkommend geht sie durch den Magen, trägt und begleitet, überall, jederzeit. Lass die Verse auf der Zunge zergehen und rechne fest damit, dass einer von ihnen dich besonders tief berührt.

„Alles ist Botschaft." Dieses Sprichwort steht nicht in den Psalmen, könnte aber eine Überschrift sein. Wenn wir mit dieser Grundüberzeugung jetzt weiter durch den Garten gehen, lernen wir dort beten: sehen, hören, schmecken, riechen, fühlen und antworten.

Aus dem eigenen Garten

Schneeglöckchen

Du, ich liebe sie vor allen,
die ersten grünen Spitzen, oft schon im Januar.
Wenn sie oben anfangen, weiß zu werden,
wird der Winter enden.
Oder ist das Weiße noch Schnee?
Ich rühre sie an – und sie mich.
Sie sind die Ersten,
zarte Vorboten,
verletzlich, gefährdet,
aber auch robust gegen den Frost.
Es ist noch viel Kälte auszuhalten,
aber die Schneeglöckchen kommen schon.
Es bleibt nicht wie es ist.
Danke.

Januarsonne

Es wird schon
deutlich heller.
Deine Sonne siegt
über alles Dunkel.
Im Garten sehe ich Vieles in einem neuen Licht,
sogar das Alte, Vergehende, Unansehnliche,
sogar mich.
Langsam, aber unaufhaltsam wird das Licht wachsen.
Du, ich kann verstehen,
warum die alten Ägypter die Sonne
verwechselten mit dir.
Was wären wir ohne sie!
Und doch ist sie nur eine Lampe, die du gemacht hast,
uns hier geschenkt,
ein Bild von dir,
ein Lichtsignal,
eine Wärmequelle
für uns.

Meine Hände

Danke für meine Hände,
voll Erde
bis unter die Fingernägel,
auch grün von Gras und Kräutern.
Ich werde Mühe haben,
sie wieder sauber zu kriegen –
aber deswegen Handschuhe anziehen?

Nein,
höchstens für Dornen und Brennnesseln.
Ich muss sie fühlen können:
deine Erde,
unsere Erde,
aus der wir sind,
zu der wir wieder werden,
körperlich jedenfalls.
Danke für meine Hände,
die besten Werkzeuge der Welt,
vielseitig wie sonst nichts,
beweglich und stark und kaum zu ersetzen:
gut zum Greifen und Reißen,
gut zum Brechen und Biegen,
gut zum Heben und Drücken,
gut zum Halten und Werfen,
gut zum Pflanzen und Pflücken ...
Danke für meine Hände.

Gute Erde – schlechte Erde

Von Boden verbessern
reden sie alle,
die Gartenmeister und Gartenbücher.
Gar nicht so einfach.
Mancher ist sehr lehmig,
mancher sehr sandig.
Die Mischung macht's.
Manchmal möchte ich sein
wie die Blumenerde,
die man im Gartencenter kaufen kann:
Schwarz, durchlässig, voller Nährstoffe.
Aber auch sie ist nicht ideal,
nicht für alles, was wachsen will.
Hilf mir, den Boden anzunehmen
in mir und in anderen.
Vielfalt wächst nur auf verschiedenem Grund.
Du bist nicht Schöpfer der Monokulturen.
Du, Nährboden grenzenloser Vielfalt.

Rasen oder Wiese

Du, lieber Gott, wenn ich das sehe,
wie oft manche den Rasen mähen,
düngen, kratzen, vertikutieren,
die Ränder beschneiden, fast mit der Nagelschere.
Neulich habe ich einen angefasst,
ob er nicht doch aus Plastik ist.
Ein Gänseblümchen gilt schon als Ordnungsfehler.
Alle Vielfalt ist hin,
kaum ein Käfer wird Lust haben
auf die uniformierten Halme.
Keine Biene findet eine Blüte. –

Was ist Ordnung in deiner Schöpfung? –
Wir haben uns für eine Wiese entschieden
mit kleinen Biotopen darin,
Lebensorten, die Monate bleiben.
Wie eine Wiese wünschen wir uns die Welt,
bunt und abwechslungsreich,
voll Überraschungen immer wieder
für Augen und Nasen und Ohren und Füße,
ein Teppich hin zu deiner Herrlichkeit.

Wachsen lassen?

Das Schneiden fällt mir schwer,
außer bei trockenen Zweigen.
Ich weiß: Es tut meistens gut,
fast alle Bäume und Sträucher
wachsen beschnitten besser.
Aber es ist mal wieder im Garten wie im Leben:
Gewachsenes abschneiden?
Vertrautes wegwerfen?
Mich trennen von dem, was zu mir gehört? –
Beim Ausreißen das gleiche Problem:
Was heißt schon Unkraut!
„Es ist unerwünschtes Wildkraut!" –
Hilf mir zu unterscheiden,
hilf mir zu entscheiden.
Was anderes Leben bedrängt und bedroht,
muss weg.
Sonst eigentlich nichts.
Gerechtigkeit auch im Garten.

Geduld

Gärten geben Nachhilfe,
uns eiligen Machern.
Geduld?
Fast ein Unwort für unsere Zeit,
Ausrede für faule Säcke,
antriebsschwache Trödler?
Manchmal möchte ich daran ziehen,
dies und das wächst mir nicht schnell genug.
Wie wurde mir gesagt?

„Diese Kletterrose wächst wie wild."
Da hatten wir schon eine Rankhilfe gekauft,
einen weißen Bogen über dem Seitentor.
Aber sie denkt nicht dran.
Sie geht nicht ein,
aber sie lässt sich Zeit.
Sie stellt mich auf die Probe,
wie du schon so oft.
Warten lernen.
Das ist keine Schwäche.
Geduld ist stark, auch Dulden steckt drin.
Die wird schon.

Kompost

Da stehen sie wieder,
die braunen Tonnen.
Nur alles entsorgen,
was fault oder trocken ist!
Warum nur?
Es ist doch alles Dünger,
beste Qualität, garantiert ohne Gift,
Nährstoffe für morgen und übermorgen,
Raum für tausende Lebewesen!
Kompost – lateinisch „zusammengefügt",
das gleiche Wort wie Komposition.
In deiner Schöpfung wird alles zusammengefügt,
nicht getrennt im Tod und Vergehen!
Der Kompost hat seine eigene Schönheit,
wenn wir ihn nur richtig betrachten,
voll Hoffnung und Liebe
wandelt sich alles.

Sonnenblume

Zu ihr aufschauen
konnte ich eben.
Sie ist mir über den Kopf gewachsen,
die Sonnenblume aus dem kleinen Kern,
den wir vor Monaten in der Erde versenkten.
Du lässt sie jetzt schauen
in das schier unendliche Blau dieses Morgens,
bewegt im Sommerwind.
Wie ein Radioteleskop
fängt sie leise von deiner Schönheit ein
und gibt sie mir wieder.
Ich möchte der Hummel ähnlich sein:
Sie saugt an ihr, was sie braucht.

Am Teich

Was wäre er ohne Wasser, unser Garten,
ohne diesen Spiegel des Lebens,
ständig wechselnd in Licht und Wind,
in Frost und Hitze, Abend und Morgen.
Die Seerosen saugen sogar aus dem Schlamm,
blühn dir entgegen und mir und uns.
Libellen tanzen dir,
Quelle aller Schönheit.
Wasserläufer zeigen mir:
Ich muss nicht versinken. –
Und dann erst die Fische,
stumm sprechen sie,
klarer als wir:
„Wasser, wir sehen dich nicht,
aber wir leben in dir,
bewegen uns und sind in dir.
Ohne dich wären wir tot.
Nein,
gar nicht geworden."

Beim Gießen

So ausgetrocknet war der Boden,
dass er zuerst nichts aufnehmen konnte.
Steinhart, alles floss weiter.
Ich habe langsam gegossen,
zuerst fast nur Tropfen. –
Schon nach wenigen Stunden
war es wie ein Wunder:
Die schlaffen Blätter voll Saft und Kraft!
Und ich hatte gedacht,
die sind am Ende.
„Bei dir ist die Quelle des Lebens",
sangen sie in Israel
schon vor dreitausend Jahren.
Lass uns das neu erfahren,
in unserer Trockenheit,
wenigstens tropfenweise.

Dahlien

Sprühende Sonnen mit weichen Strahlen,
in fast allen Farben und
immer wieder neue,
wenn die alten verwelken.
Wenn ich bedenke,
woraus sie wachsen:
diese unförmigen Knollen,
die beim Umzug vergessen wurden,
über ein Jahr in einer Kiste im Keller,
und jetzt – schöner denn je,
von dir für uns.
Lass uns das Wundern wieder lernen,
bestaunen die kleinen und großen Zeichen,
täglich an unserm Weg.

Spinnennetze

Sonst sind sie kaum zu sehen,
jetzt aber glitzernd im Tau.
Staunend stehe ich vor dieser Kunst,
keins wie das andere,
Kühn gespannt zwischen den Zweigen.

Und doch,
ich kann den Gedanken nicht verdrängen:
Es sind Fangnetze.
Du weißt, wie ich neulich eine Fliege befreite.
Ich konnte nicht mitansehen, wie sie sich verfing,
dem Tode nah.
Dann aber hatte ich ein schlechtes Gefühl.
Ich hatte der Spinne die Nahrung genommen,
eingegriffen in das Gesetz der Natur,
dein Gesetz.
Ich esse ja auch meine Mitgeschöpfe.
Bei allem Respekt vor Vegetariern,
auch sie zerstören frische Pflanzen,
vernichten saftiges Leben zwischen den Zähnen.
Fressen und gefressen werden?
Grausam klingt das in unsern Ohren,
lieblos und kalt –
und ist irgendwie doch ein Grundgesetz des Lebens:
Kommunion.
Wir leben voneinander,
wir leben füreinander,
alle deine Geschöpfe.

Das Vogelhaus

Es wird jetzt draußen kälter und kahler,
vielleicht ist bald alles erfroren.
Ich habe es heute aufgestellt,
erste Körner sollen sagen,
wo es im Notfall
etwas zum Überleben gibt. –
Warum mache ich das?
Für die Vögel oder für mich?
Will ich wirklich ihnen helfen
oder sie nur an diesen Garten binden,
an mich,
damit ich einen schönen Anblick habe,
ein gutes Gefühl von Wohltätigkeit
und im Frühling wieder ihren Gesang.
Du, der du maßlos und absichtslos gibst,
ich sehe mit Schrecken,
wie sehr ich mich suche,
wenn ich anderen helfe,
mich und meinen Bedarf im Blick.
So ist es!
Und doch
muss ich weiter heraus zum Futterhaus.
Unser tägliches Brot gib uns heute.

November

Auch dieser Monat ist schön.
Der Sommer ist aus dem Garten,
aber er ließ viel zurück.
Weniger mehr genießen,
das können wir jetzt lernen.
Die letzten Rosen duften noch
und Laub leuchtet wie ein Teppich.

Nie genießen wir so sehr die Sonne
und wie Smaragde leuchtet das Moos.
Ich freue mich an den roten Beeren
und am noch saftigen Farnkraut.
Alles, was knapp wird, ist kostbar.
Gib uns die richtige Sicht!
Dass wir nicht pausenlos jammern
über das, was vergangen ist.
Hilf uns in Erinnerung schwelgen!
Wie reichlich hast du gegeben
und gibst noch immer genug!

Bücken

Es fiel mir schwer heute Morgen,
wie noch nie.
Es war schmerzhaft,
mich zur Erde zu beugen.
Ich werde alt
und kann diese Wahrheit nicht wegschieben.
Aber die Arbeit im Garten
hat mich bis jetzt beweglich gehalten!
Wie viel eher wäre ich steif geworden
ohne sie.
Danke für die Lust zur Bewegung im Garten.
Danke auch für die Botschaft
der altgewordenen Sonnenblumen:
Sie lassen jetzt im November die braunen Blätter hängen
und die meisten von ihnen bücken sich schon.
Nein, ich habe sie nicht abgeschnitten.
Sie haben noch Kerne im Kopf,
Nahrung für manchen Vogel.
Du brauchst sie noch.

Wintergarten

Alles hart gefroren.
Alles Leben wie erstarrt.
Ob die Fische das wirklich aushalten
unter dem Eis?
Die Kälte kriecht mir fast bis ans Herz,
lange halte ich heute hier draußen nicht aus. –
Aber ich weiß: Auch dieser Frost
ist wichtig für den Garten,
und die Ruhe für alles Leben.

Stillstand ist nicht total und nicht tödlich. –
Du, lehre mich aushalten
die Winterzeiten in mir und um mich
und wahrnehmen ihre karge Schönheit:
Brombeerblätter tragen Rauhreifspitzen
Das Moos leuchtet so grün wie nie,
trotz der blassen Sonne,
Schneeheide und Winterjasmin
blühen unbekümmert
und ganz leise höre ich die Christrosen singen.

Gartendank – dreifach

Danke für diesen Garten
und seine unzählbaren Wunder:
Staunen ohne Ende auf diesem kleinen Stück Erde.
Danke, dass es das alles gibt.
Danke, dass du das alles gibst:
uns
und darin etwas von dir!
Jedes Geschenk gewinnt an Wert,
wenn ich bedenke, von wem ich es habe.
Danke schließlich, wie du gibst:
Du beschämst uns nicht
von oben herab.
Du lässt uns mitwirken
an deinen Wundern.
Danke.

Gott im Garten?

Wo und wie können wir Gott heute begegnen? Einer der führenden Theologen des 20. Jahrhunderts, der Jesuit Karl Rahner (1904–1984) forderte eine „Theologie der alltäglichen Wirklichkeiten". Botschaft Gottes müsste mitten im Leben aufzufinden sein! Dies ist jedenfalls die typische Redeweise dessen, auf den Christen hören, wenn sie Gott suchen! In seinem Bestseller „Jesus von Nazareth" schreibt Joseph Ratzinger über die Gleichnisse des Meisters:

„Er will zeigen, wie in einer ihrem Erfahrungsfeld zugehörigen Wirklichkeit etwas durchscheint, das sie bisher nicht wahrgenommen haben ... Jesus will uns ja nicht irgendwelche abstrakten Erkenntnisse vermitteln, die uns im Tiefsten nichts angehen würden. Er muss uns zum Geheimnis Gottes führen – zu dem Licht, das unsere Augen nicht ertragen können und dem wir daher ausweichen. Damit es uns zugänglich wird, zeigt er die Transparenz des göttlichen Lichtes in den Dingen dieser Welt und in den Wirklichkeiten unseres Alltags ... Er zeigt uns Gott, der in unser Leben hereintritt und uns an die Hand nehmen will. Er zeigt uns durch das Alltägliche hindurch, wer wir sind und was wir demnach zu tun haben."[6]

Papst Benedikt XVI. versteht viel von Glaubensschwierigkeiten und Zweifeln. Deshalb fährt er etwas später fort:

„Tausend vernünftige Einwände sind möglich – nicht nur in der Generation Jesu, sondern alle Generationen hindurch, heute wohl mehr den je. Denn wir haben einen Begriff von Realität gebildet, der die Transparenz des Wirklichen zu Gott hin ausschließt. Als wirklich gilt nur das experimentell Überprüfbare. Gott lässt sich nicht ins Experiment zwingen ... Gott kann gar nicht durchschauen – so sagt es der moderne Begriff von Realität. Und es kann erst recht die Forderung nicht angenommen werden, die er an uns stellt; ihn als Gott zu glauben und danach zu leben, erscheint völlig unzumutbar."[7]

Ich fürchte, dass deshalb auch dieses Buch manchen Suchenden unverständlich bleibt. Gärten als Gleichnisse Gottes? Papst Benedikt, den ich in Bonn 1961–63 als jungen Professor erleben durfte, tröstet mich:

„So sind … die Gleichnisse im letzten Ausdruck für die Verborgenheit Gottes in dieser Welt und dafür, dass Gotteserkenntnis immer den ganzen Menschen einfordert … Erkenntnis, die es ohne „Umkehr" nicht geben kann … Gotteserkenntnis ist in diesem Sinn nicht ohne das Geschenk der sichtbar werdenden Liebe Gottes möglich; aber auch das Geschenk will angenommen sein."[8]

Ja, die Suche nach Gott scheint am Anfang des dritten Jahrtausends mühsamer zu sein als in früheren Zeiten. Überall treffen wir auf uns selbst und das, was Menschen gemacht haben. Ist die Suche im Garten, zu der dieses Buch ermutigen will, vielleicht nur überholte Naturschwärmerei?

Sicher brauchen wir auch eine Theologie der Technik und dürfen Spuren Gottes im Internet suchen. Andererseits fällt heute der schier unermessliche Gebrauch von Worten auf, die Leben aus erster Hand versprechen. Verheißungsvoll und werbewirksam ist fast alles, was mit „Bio" zu verbinden ist und Vitalität, verspricht. Das griechische und das lateinische Wort für Leben, Bios und Vita, sind hoch im Kurs unserer Alltagssprache. Gotthold Ephraim Lessing (1729–1781) behauptet in seinem Lustspiel „Minna von Barnhelm": „Man spricht von den Tugenden, die man nicht hat." Könnte es sein, dass wir in unserer weithin selbst gemachten Welt mehr und mehr die Sorge spüren, uns vom eigentlichen Leben zu entfernen?

Im 36. Psalm sagen oder singen gläubige Juden seit mindestens 2500 Jahren: *„Bei dir, o Herr, ist die Quelle des Lebens!" (Ps 36,10)* Es ist uns demnach möglich, wie Entdecker, am Fluss stromaufwärts zu gehen, um den Ursprung zu suchen. Wo Leben fließt, sind wir schon auf seiner Spur! Der Psalmvers verhindert aber gleichzeitig ein pantheistisches Denken: *„Bei dir ist die Quelle ..."* Die Natur ist nicht Gott, verdient Verehrung, aber nicht Anbetung. In der Sprache der Theologie sagt man, Gott sei sowohl transzendent als auch immanent, also zugleich in seiner Schöpfung und sie doch unendlich übersteigend.[9] Haben wir Christen unsere Religion nicht lange Zeit zu weit in ein Jenseits abgehoben? Man kann Eugen Drewermann darin aus vollem Herzen beipflichten: „Es muss gezeigt werden, welch einen Beitrag die Religion dazu leisten kann, den Menschen in seiner Unterschiedlichkeit und Personalität unter den Voraussetzungen einer durch Wissenschaft und Technik relativ vertraut gewordenen Welt durch eine Mystik konkreter Poesie in die Natur, die ihn umgibt, zurückzubinden."[10]

Wenn heute wieder manche, besonders von der Kirche enttäuschte Frauen, lieber die „Mutter Erde" als den Vater Jesu verehren oder gar den Mond (die Luna), sollte dies ein Alarmzeichen sein: Falls unser christliches Denken an der Bibel bleibt, kann es sich von der Natur nicht entfernen. *„Wir sind ein Teil dieser Erde"*, sagt in seiner prophetischen Rede im Jahr 1854 der Indianerhäuptling Seattle.[11] Er erinnert damit an altchristliche Überzeugungen: Der syrische Dichter Kyrillonas legt am Ende des 4. Jahrhunderts in einer Osterpredigt Christus folgende Worte in den Mund: *„Paradies und Garten warten, dass ich Adam zurückführe, damit er dort wieder herrsche. Freut euch von Herzen über das, was ich euch offenbare und verkünde. Ich gehe zu meinem Vater und bleibe bei ihm, zugleich aber bleibe ich auch bei den Meinen."*[12]

Wir, die Seinen, leben mit beiden Füßen auf dieser Erde und glauben, dass der Unvorstellbare sich in dem Menschen Jesus als Teil der Schöpfung vorgestellt hat!

Deshalb sagt Petrus Chrysologus, der nach 451 als Bischof von Ravenna starb:

....

„Er, dessen Hand gnädig den Lehm nahm, um uns daraus zu formen, nahm in Gnaden das Fleisch an, um uns neu zu schaffen. So ist es denn eine Ehre für die Schöpfung, nicht jedoch eine Unehre für den Schöpfer, dass der Schöpfer sich im Geschöpf, Gott sich im Fleisch findet. Du Mensch, warum missachtest du dich so sehr, da du doch für Gott so kostbar bist? Da Gott dich so hoch ehrt, warum entehrst du dich so sehr? Warum suchst du nach dem, woraus du geschaffen bist, und nicht nach dem, wofür du geschaffen bist? Ist nicht dieses ganze Haus der Welt, das du siehst, für dich gemacht? Das Licht dringt in dich ein und vertreibt die Finsternis, die dich umgibt. Für dein Wohl wurde die Nacht eingeführt, für dich die Erde mit Blumen, Bäumen und Früchten ausgemalt. Für dich wurde eine erstaunliche Menge von Lebewesen geschaffen, in der Luft, auf den Feldern und im Wasser, damit nicht traurige Einsamkeit die Freude an der neugeschaffenen Welt zerstöre."[13]

....

Wir sagen heute: „Gott umarmt uns durch die Wirklichkeit!" Dieser Satz steht nicht in der Bibel, fasst aber eine ihrer Grunderfahrungen sehr gut zusammen.

Anmerkungen

1   Franz von Assisi, Legenden und Laude, Manesse Bibliothek der Weltliteratur, Zürich 1975, S. 272
2   Augustinus, Bekenntnisse, 8. Buch, 12. Kapitel
3   Theologisches Wörterbuch zum Alten Testament, herausgegeben von G. Johannes Botterweck, Verlag Kohlhammer 1974
4   Papst Benedikt XVI., Enzyklika „Deus Caritas est", 25.12.2005, Nr. 8
5   Vgl. hierzu: Gottesstadt und Gottesgarten. Zur Geschichte und Theologie des Jerusalemer Tempels, hrsg. von Otmar Keel und Erich Zenger, Verlag Herder, Freiburg i. Breisgau 2002 sowie grundsätzlich zu den Psalmen: Stuttgarter Psalter. Mit Einleitungen und Kurzkommentaren von Erich Zenger, Verlag Katholisches Bibelwerk, Stuttgart 2005
6   Joseph Ratzinger (Benedikt XVI.), Jesus von Nazareth, Verlag Herder, Freiburg i. Breisgau 2007
7   a.a.O.
8   a.a.O.
9   Vgl. Medard Kehl, Und Gott sah, dass es gut war. Eine Theologie der Schöpfung, Verlag Herder, Freiburg/Basel/Wien 2006, S. 7
10 Eugen Drewermann, Kleriker, Walter Verlag, Olten und Freiburg i. Breisgau, 4. Auflage 1989, S. 732
11 „Die Erde ist uns heilig", Häuptling Seattles Testament, hrsg. von der Arbeitsgemeinschaft der Evangelischen Jugend in der Bundesrepublik Deutschland und Berlin (West) e.V., Stuttgart, 13. Auflage 1988
12 Kyrillonas der Syrer, Zweite Homilie über das Pascha Christi, vgl. Lektionar zum Stundenbuch I/6 S. 114/343
13 Petrus Chrysologus, Sermo 148, vgl. Lektionar zum Stundenbuch I/6 S. 277/343

Zu den Quellen dieses Buches gehört insbesondere:
Stuttgarter Altes Testament, hrsg. von Erich Zenger sowie Stuttgarter Neues Testament, Verlag Katholisches Bibelwerk, Stuttgart, 2. Auflage 2004

Die kirchliche Druckerlaubnis wird für die Veröffentlichung erteilt.
Coloniae, die 11 m. Martii 2008
Jr. Nr. 106 250 | 90 Dr. Dominik Schwaderlapp vic. Gen.